lacaton&vassal

free space
transformation
habiter

lacaton&vassal

**espacio libre
transformación
*habiter***

Verlag der Buchhandlung Walther und Franz König, Köln

"Nunca demoler, eliminar o sustituir, siempre añadir, transformar y reutilizar". Esta máxima, acuñada por Anne Lacaton y Jean-Philippe Vassal, ganadores del Premio Pritzker 2021, sintetiza su práctica arquitectónica e ilustra en pocas palabras por qué su obra despierta tanto interés. Para comprender lo revolucionario de este planteamiento, no tenemos más que evocar imágenes tan impactantes como la voladura de los Red Road Flats —un barrio completo de grandes torres de viviendas sociales en Glasgow— o la de la pala demoliendo los Robin Hood Gardens (Londres), de Alison y Peter Smithson, y contrastarlas con la transformación de Lacaton & Vassal, en colaboración con Frédéric Druot, de la torre Bois-le-Prêtre (París) o de los tres bloques con 530 viviendas en la Cité du Grand Parc (Burdeos), estos últimos acreedores del Premio Mies van der Rohe 2019. Sus propuestas son una audaz alternativa a la extendida política pública de *tabula rasa* —que implica demoler los degradados complejos de vivienda social levantados, mayoritariamente, entre las décadas de 1950 y 1970, para sustituirlos por barrios de nueva construcción—, y, aunque puedan parecer un tanto radicales en un principio, esta novedosa postura está cargada de sentido: transformar y reutilizar lo ya existente conduce a un mejor uso, a menor gasto de materiales y menos emisiones de CO_2, haciendo que sea más ecológico, tiene en consideración y presta atención a todos los habitantes y permite ahorrar más del 50 % del presupuesto que, de otro modo, hubiera sido necesario para derruir y reconstruir. Además, evita los desalojos y reubicaciones y su intolerable coste social.

Transformar significa ampliar, hacer más grande, dar más espacio a los usos diarios. Este es el punto de partida y el eje impulsor de la postura de Anne Lacaton y Jean-Philippe Vassal que desde el principio han desarrollado y mejorado de manera consciente: han intentado crear espacios generosos, en cualquier condición, que son más abiertos, más ecológicos y aportan más libertad a los usuarios. Siempre intentando mejorar la vida de las personas, ofrecen más espacio y más luz al mismo o menor precio.

Ellos han ido aplicando estos principios y métodos durante décadas y en todos sus proyectos, cualquiera que sea su tipología: viviendas, tanto de nueva planta como transformadas, de promoción pública o privada (como la casa Latapie, la casa D y la casa R; la Cité Manifeste, la torre Bois-le-Prêtre, la Cité du Grand Parc…); oficinas (edificio de oficinas en Nantes…), equipamientos públicos (Facultad de Ciencias de la Gestión de Burdeos, Escuela de Arquitectura de Nantes o, caso extremo, su decisión de no remodelar la plaza Léon Aucoc en Burdeos porque ya tenía "la belleza de lo que es evidente, necesario y suficiente") y culturales (el Palais de Tokyo en París, el FRAC en Dunkerque…). En todos estos proyectos, crean espacios que pueden ser "habitados", según las circunstancias y gustos de sus moradores, sin constreñimientos ni imposiciones arquitectónicas de ningún tipo.

La exposición sobre Lacaton & Vassal que ahora presenta el Museo ICO revisa su extensa carrera (de más de treinta años, desde su primera cabaña de paja en Niamey hasta las viviendas en Grand Parc) y su concepción de la arquitectura a

"Never demolish, never remove or replace, always add, transform, and reuse." This maxim, coined by Anne Lacaton and Jean-Philippe Vassal, winners of the 2021 Pritzker Prize, truly encapsulates their practice as architects, and it illustrates, in a few short words, why their work garners so much interest. To appreciate quite how pioneering this approach is, we need only recall certain striking images of demolitions (such as the blowing-up of the Red Road Flats, a high-rise council housing estate in Glasgow; or the digger pulling down Alison and Peter Smithson's Robin Hood Gardens, in London) and contrast them with Frédéric Druot and Lacaton & Vassal's transformations of the Bois-le-Prêtre tower (Paris) or the three blocks of 530 flats in Bordeaux's Cité du Grand Parc (in association with Druot & Hutin), the latter of which received the 2019 Mies van der Rohe Award. Their proposals are a bold alternative to the widespread "start-from-scratch" policy (i.e. demolishing the run-down social housing complexes that were built, in most cases, between the 1950s and 1970s, and replacing them with brand new neighbourhoods), and although it seemed somewhat radical at first, this fresh approach makes a great deal of sense. That is, transforming and reusing what's already there leads to the better use of it: there is less expenditure of materials and CO_2, making it more ecological. This it gives greater consideration and attention to all the inhabitants; and it saves more than 50% of the budget that would otherwise be spent on demolishing and rebuilding. Furthermore, it removes the need for eviction and rehousing, with their devastating social cost.

Transformation means extending, making larger, to give more space for the everyday uses. This is the starting point and the driver of Anne Lacaton and Jean-Philippe Vassal's approach, which has been continuously developed and improved from the very beginning: they have sought to create generous space, in any condition, which is more open, environmentally friendly and which gives freedom to its users. Ever seeking to improve people's lives, they offer more space and light, at either the same or a reduced cost.

They have been rigorously applying these principles and methods for over three decades, in all of their many different projects: this includes housing, both new-builds and transformations, whether publicly or privately funded (such as the Latapie House, the House D, the House R, the Cité Manifeste, the Bois-le-Prêtre tower, the Cité de Grand Parc…); offices (the office building in Nantes…); public projects (the Faculty of Management Sciences, University of Bordeaux; the Nantes School of Architecture; their decision not to redevelop the Place Léon Aucoc in Bordeaux because it already possessed "the beauty of what is evident, necessary and sufficient"); as well as cultural projects (the Palais de Tokyo in Paris, the FRAC in Dunkirk, and so on). In all these projects, they create spaces that can be "lived in" however the inhabitant sees fit, without constraints or any unnecessary interference from the architecture.

The exhibition on Lacaton & Vassal at the Museo ICO looks back on their extensive careers (spanning more than thirty years, from their first straw hut in Niamey, to the flats at Grand Parc) and their approach to architecture, by focusing on three

través de tres conceptos fundamentales que siempre están presentes en su trabajo: espacio libre —concebido en términos máximos: generosidad de espacio, eficiencia y confort—, transformación —nunca demoler, siempre añadir, transformar, ampliar— y *habiter* —vida, usos, apropiación—. Estamos seguros de que será una exposición motivadora e influyente y esperamos que, junto con este catálogo, contribuya al conocimiento y difusión de unos principios cuya importancia y protagonismo parecen asegurados en la arquitectura por venir, que deberá dar respuesta a los grandes retos planteados por un mundo incierto y en profunda transformación.

No queremos terminar sin agradecer a Anne Lacaton y Jean-Philippe Vassal su disposición a exponer su obra en el Museo ICO, así como su ayuda y colaboración siempre cercanas. Se dice que los ojos son el espejo del alma. En el caso de Anne y Jean-Philippe podemos asegurar que su obra es, también, espejo del alma de dos personas excepcionales. Hacemos extensible nuestra gratitud a todo su equipo, muy especialmente a Francisco J. Latorre. Queremos agradecer también a Moisés Puente su maravilloso trabajo editorial; y, por supuesto, a todo el equipo de la Fundación ICO.

Museo ICO / Fundación ICO

key concepts that are ever-present in their work: free space (as much as possible, i.e. generosity of space, efficiency and comfort); transformation (never demolish, always add, transform, expand); and *habiter* (life, uses, making the space one's own). We are sure that it will be an inspiring and influential exhibition, and we hope that, along with this catalogue, it helps raise further awareness about certain key principles, ones which are sure to be at the very heart of architecture over the coming years. The field of architecture must step up to the great challenges of this volatile world as it undergoes such profound changes.

Finally, we would like to express our sincerest gratitude to Anne Lacaton and Jean-Philippe Vassal for allowing us to display their work at the Museo ICO, as well as all their kind help and collaboration. It is said that the eyes are the mirror of the soul, and, in the case of Anne and Jean-Philippe, we can say that their work is the mirror of the soul of two exceptional people. We extend our gratitude to all of their team, particularly Francisco J. Latorre. We would like to thank Moisés Puente for his superb editorial work. And, of course, we are ever grateful to all the team at the Fundación ICO.

Museo ICO / Fundación ICO

índice

10 **Anne Lacaton y Jean-Philippe Vassal en conversación con Enrique Walker**

42 **espacio libre**

84 **transformación**

154 *habiter*

contents

11   Anne Lacaton and Jean-Philippe Vassal in conversation with Enrique Walker

43   free space

85   transformation

155 *habiter*

Anne Lacaton y Jean-Philippe Vassal en conversación con Enrique Walker

Junio de 2021

Anne Lacaton and Jean-Philippe Vassal in conversation with Enrique Walker

June 2021

Han pasado casi dos décadas desde que acabasteis el Palais de Tokyo en París. En retrospectiva, el Palais de Tokyo es un proyecto ejemplar en vuestro trabajo: fue un campo de pruebas para vuestras primeras ideas y se convirtió en una suerte de manifiesto para vuestros argumentos arquitectónicos. Me gustaría dedicar esta conversación a rastrear una breve historia del proyecto y examinar, a su vez, algunos de los argumentos de vuestro trabajo. De hecho, el Palais de Tokyo atraviesa las tres nociones en torno a las que habéis organizado esta exposición (y que, hasta cierto punto, destilan vuestra aproximación al proyecto), a saber: comenzar por las condiciones existentes, construir el máximo espacio y ofrecer posibilidades para el uso y la apropiación. Sugeriría que examináramos el proyecto en términos de las circunstancias y las constricciones del encargo, el problema de proyecto que planteasteis a partir de esas constricciones y la estrategia que formulasteis para abordarlo. También sugeriría que nos centráramos en los conceptos que precedieron (o que se aplicaron) al proyecto, así como en aquellos que se siguieron (o derivaron) del proyecto. El encargo suponía proyectar un nuevo centro de arte contemporáneo en un edificio existente, el Palais de Tokyo, que se había construido para una exposición internacional en la década de 1930. El edificio albergaba el Musée National d'Art Moderne, hasta que la colección se trasladó al Centre Georges Pompidou en la década de 1970, y se suponía que pasaría a ser el Palais du Cinéma, hasta que dicho proyecto fracasó en la década de 1990, un par de años antes de que se propusiera este nuevo centro de arte contemporáneo. Tanto el programa como el sitio eran una incógnita...

Jean-Philippe Vassal Entramos en el proyecto a través de Nicolas Bourriaud y Jérôme Sans, quienes habían sido nombrados directores de este centro de creación contemporánea y quienes nos invitaron a participar en un pequeño concurso. El programa era una iniciativa de Catherine Trautmann, ministra de Cultura en aquel entonces. Dado que el proyecto del Palais du Cinéma había fracasado y el Palais de Tokyo estaba abandonado, decidieron realizar este nuevo proyecto allí. Bourriaud y Sans conocían la casa Latapie, un proyecto que había pasado desapercibido entre los arquitectos, pero que interesaba a los artistas.

Anne Lacaton El encargo del concurso no era reformar el Palais de Tokyo, sino proponer una instalación dentro del edificio. "Instalación" significaba que estaba prevista para un breve lapso de tiempo.

JPV Una especie de ocupación...

AL El presupuesto del Ministerio de Cultura para dicho proyecto era bastante limitado y confirmaba la intención de que no era una reforma.

JPV Por entonces vivíamos en Burdeos. Fuimos a París para encontrarnos con Bourriaud y Sans, y nos enseñaron el edificio, que nos sorprendió muchísimo. Desde el exterior, el edificio era muy limpio, exactamente como el que está a su

Almost two decades have passed since you completed Palais de Tokyo in Paris. In retrospect, Palais de Tokyo is an exemplary project in your work: it was a testing ground for your early ideas and it became a manifesto of sorts for your architectural arguments. I would like to devote this conversation to outlining a brief history of the project, and to examining, in turn, some of the arguments at play in your work. In fact, Palais de Tokyo cuts across the three notions around which you organise this exhibition (and which, to some extent, also distil your approach to building), namely: starting from the existing conditions, building the maximum space, and offering possibilities for use and making the space one's own. I would suggest that we examine the project in terms of the circumstances and constraints of the brief, the design question that you raised from those constraints, and the strategy that you formulated to approach it. I would also suggest that we focus on the concepts that preceded (or were applied to) the project, as well as on the concepts that followed (or were derived from) the project. The brief entailed designing a new contemporary art centre in an existing building, Palais de Tokyo, which had been built for an international exhibition in the thirties. It used to house the Musée National d'Art Moderne, until the collection was moved to the Centre Georges Pompidou in the seventies. The building was supposed to become the Palais du Cinéma, until that project failed in the late nineties, a couple of years before this new contemporary art centre was proposed. Therefore, both the programme and the site were a question mark...

Jean-Philippe Vassal We got into the project through Nicolas Bourriaud and Jérôme Sans. They had been appointed directors of this centre for contemporary creation, and they invited us to participate in a small competition. The programme was an initiative of Catherine Trautmann, the Minister of Culture at the time. Given that the Palais du Cinéma project had failed, and Palais de Tokyo was lying abandoned, they decided to do this new project there. Bourriaud and Sans knew the Latapie House. That house had been overlooked by architects, but artists had taken interest in it.

Anne Lacaton The brief for the competition was not to renovate Palais de Tokyo, but to propose an installation inside Palais de Tokyo. "Installation" meant that it was intended for a short time.

JPV A sort of occupation...

AL The budget that the Ministry of Culture put forward for this project was quite limited, confirming that this was not intended to be a renovation.

JPV At that time, we were based in Bordeaux. We went to Paris to meet Bourriaud and Sans, and they showed us the building. We were extremely surprised. From the outside it was a very clean building, exactly like the one next to it, the Musée d'Art Moderne de Paris. But the inside was in a state of ruin. It had already been

lado, el Musée d'Art Moderne de París, aunque el interior estaba en estado de ruina. Ya habían pasado dos años desde que se abandonara el proyecto del Palais du Cinéma, después de más de un año de obras. Para el concurso escogieron a tres equipos de arquitectos y nos dieron un programa muy sucinto y muy poco tiempo para llevarlo a cabo. En realidad, no querían un concurso ni un proyecto. Nos dijeron que volviéramos dos semanas más tarde para explicar qué queríamos hacer: cómo imaginábamos esta instalación, qué sentíamos por el lugar, cuál era nuestra intención. Solo querían una idea.

AL No nos pidieron planos. La presentación era libre.

JPV El programa se limitaba a una pequeña parte del edificio, unos 5.000 m² de los 24.000 m² totales.

En un comienzo, ¿vuestro foco fue el programa, un centro de creación contemporánea, o el sitio, el edificio existente?

JPV Nos interesaba el trabajo de Bourriaud y Sans como comisarios. Estaba claro que, al ser ellos los directores del centro de arte contemporáneo, teníamos que entender su acercamiento al arte. Sin embargo, la gran pregunta era el lugar, aquel edificio. Puedes imaginarte que, al ver aquel enorme vacío en ruinas en su interior, nos quedamos bastante asombrados y un tanto sorprendidos. Empezamos a pensar en lo que podíamos hacer. Sin embargo, también había otro punto muy importante: el presupuesto era muy bajo, solo tres millones de euros.

AL Y el plazo para hacerlo era muy corto. Ya tenían la fecha de la inauguración en mente, en apenas dos años, así que esto también formaba parte de la pregunta: cómo intervenir en aquel lugar en tan poco tiempo.

En realidad, todos los componentes de la ecuación eran un desafío: el programa, el sitio, el presupuesto y el tiempo. Entonces conceptualizasteis el proyecto como una plaza pública...

JPV Muy a menudo, los arquitectos hacen un proyecto, incluso cuando la gente les pide que no lo hagan. En nuestro caso, aprovechamos la oportunidad para ofrecer solo intenciones. Por una parte, era lo que nos pedían, pero, por otra, esto también nos permitió mantener abierto nuestro proyecto, no hacerlo demasiado rápido, ni demasiado pronto. La idea o la intención del concurso era imaginar el centro de arte contemporáneo y el edificio existente como Yamaa el Fna, la plaza de Marrakech, siempre llena de actividades y acontecimientos, siempre en movimiento, siempre cambiante. Habiendo ya considerado el programa y el espacio existente, independientemente de si era exterior o interior, imaginamos que el proyecto podría funcionar como Yamaa el Fna. También podríamos haber dicho que funcionara como una estación de trenes, pero para nosotros era mejor referirse a Yamaa el Fna.

two years since the project for the Palais du Cinéma had been abandoned, after more than a year of works. They selected three teams of architects for the competition, and they gave us a very short brief and hardly any time. They did not want a competition, actually, or a project. They asked us to come back two weeks later to explain what we wanted to do: how we imagined this installation, what we felt about the place, what our intention was. They just wanted an idea.

AL They did not ask for plans. The presentation was free.

JPV The programme was limited to a small part of the building, something like 5,000 m^2 of the building's 24.000 m^2.

At the outset, was your focus the programme, a centre for contemporary creation, or the site, the existing building?

JPV We were interested in the work of Bourriaud and Sans as curators. It was clear that, as they would be the directors of the contemporary art centre, we had to understand their approach to art. The big question, however, was the site, this building. As you can imagine, when we saw this huge void inside, in ruins, we were quite amazed, and a bit surprised. We started to think about what we could do. But there was also another very important point: the budget was very low, just three million euros.

AL And the time to do it was very short. They already had the date for the opening in mind, in just two years. So that was also part of the question: how to intervene in this place in such a short time.

Actually, all the components of the equation were a challenge: the brief, the site, the budget, and the timeframe. Then you conceptualised the project as a public square...

JPV You know that, very often, architects make a project, even when people ask them not to. In our case, we jumped at the opportunity to give only intentions. On the one hand, this was what we were asked, but, on the other, it also allowed us to keep our project open, not to make it too fast, or too soon. The idea, or intention, for the competition was to imagine the contemporary art centre and the existing building as Djemaa el-Fnaa, the open square in Marrakesh, always filled with activities and events, always lively, always changing. Having already considered the brief and the existing space, regardless of whether this was outside or inside, we imagined that the project could work like Djemaa el-Fnaa. We also could have said that it would work like a railway station. But for us, Djemaa el-Fnaa was a better reference point.

Which already suggested that you would use the whole building, rather than propose an installation within it...

AL We approached the building as if it were an outside space rather than an inside space. The building was so huge that we were referring to it as a landscape, much

Lo que ya sugería que utilizaríais todo el edificio en lugar de hacer una instalación dentro de él...

AL Abordamos el edificio como si fuera un espacio exterior en lugar de uno interior. El edificio era tan grande que nos referíamos a él como un paisaje, más que como un edificio. Esto también tenía que ver con nuestra propia relación con el lugar. El edificio nos había impresionado de verdad, y aquella primera impresión permaneció durante un tiempo. El espacio era tan fascinante que enseguida consideramos innecesario añadir ninguna arquitectura, ni cambiar la que ya tenía, sino hacer las obras necesarias que permitieran reabrir el lugar como un centro de arte contemporáneo. Nuestra idea no era abordar ni cuestionar el proyecto para el propio centro de arte, porque estaba claro que eso era tarea de Bourriaud y Sans, de modo que propusimos un menú, o una lista jerárquica de intervenciones con relación al presupuesto, que partía de las imprescindibles.

JPV La referencia a Yamaa el Fna era lo suficientemente abierta como para dejar libre el proyecto, pero, al mismo tiempo, teníamos un programa muy claro respecto a las intenciones de Bourriaud y Sans. También había un presupuesto muy claro, tres millones de euros, y una superficie definida para la instalación. De modo que teníamos una pregunta muy clara y también una intención, Yamaa el Fna, que interesaba a Bourriaud y Sans, y creo que ya sabíamos que mantener el presupuesto también era nuestra oportunidad de ser libres. Quizás lo único que no dijimos de inmediato fue nuestra decidida intención de no centrar las obras en un área concreta, precisamente porque hacerlo en un edificio grande es más caro que ocuparlo todo. Así que avanzamos paso a paso en esta idea de ocupar todo el espacio.

Es decir, se os pidió que diseñarais un proyecto dentro de un edificio, pero gradualmente terminasteis por sugerir que el mismo edificio era el proyecto.

JPV En la primera fase no tomamos todo el edificio, sino solo una parte. En lugar de los 5.000 m² que nos pedían, tomamos 10.000 m², la mitad del edificio, aquello que era posible ocupar. Sin embargo, para ocupar la mitad del edificio, tuvimos que reforzar la estructura de todo el edificio en todos los niveles, desde los cimientos hasta la cubierta, aunque la parte que propusimos ocupar se encontrara solo en un nivel.

AL De hecho, dijimos que, aunque se tratara de una instalación temporal, teníamos que definir una estrategia para reforzar todo el edificio. Con aquel presupuesto, pensamos que primero deberíamos reparar el edificio y prepararlo para un desarrollo posterior. Para nosotros, la prioridad era reforzar la estructura de todo el edificio y no solo la de la pequeña parte que teníamos que entregar. Para nosotros era importante definir una estrategia para volver a poner el edificio en las mejores condiciones posibles. Por ejemplo, muchas escaleras estaban rotas y las tuvimos que reparar todas para asegurar la evacuación de personas en todo el edificio. También tuvimos que preparar todas las instalaciones eléctricas, aunque al final solo usáramos una parte. También tuvimos que instalar ascensores, aunque no abriéramos ciertos niveles. Esa fue la estrategia de reiniciar desde la base. Obviamente, desde el principio sabíamos que no iba a haber acabados.

more than as a building. This also had to do with our own relation to the building. We were really impressed by the place, and this first impression remained for a while. The space was so fascinating that we immediately felt that it was unnecessary to add any architecture, or to change its architecture. Instead, we set out to do just the necessary works that would allow the place to reopen as this contemporary art centre. Our idea was not to address, or to question, the project for the art centre itself, because that was clearly Bourriaud and Sans' task. So we proposed a menu, or a hierarchical list of interventions, according to the budget, and starting from the essential ones.

JPV The reference to Djemaa el-Fnaa was open enough to leave the project free. But, at the same time, we had a brief that was very clear about the intentions of Bourriaud and Sans. There was also a set budget: three million euros. And there was already a defined area for the installation. So we had a very clear question. We also had an intention, Djemaa el-Fnaa, that Bourriaud and Sans found interesting. And we knew already, I think, that to stick to the budget was also the opportunity for us to be free. Perhaps the only point we did not say immediately was that we were sure that it would not be a good idea to focus the works on one specific section: to concentrate on just one area, in such a large building, would be more expensive than taking up all of it. So we went step-by-step with this idea of using all the space.

In other words, you were asked to design a project within a building, but you ended up gradually suggesting that the building itself was the project.

JPV We did not take the whole building in the first phase, only a part of it. Instead of the 5,000 m^2 that were asked of us, we took 10,000 m^2, which was half of the building, the space that could be occupied. But, in order to take half of the building, we had to strengthen the structure of the whole building on all the levels, from the foundations to the roof. Even though the part that we were proposing for the occupation was only on one level.

AL In fact, we said that, even if this was a temporary installation, we had to define a strategy for reinforcing the whole building. So we thought that, with this budget, we should first repair the building and prepare it for further development. For us, the priority was to reinforce the structure of the whole building and not just the little part that, in the end, we had to deliver. It was important for us to define a strategy for getting the building back in the best possible condition. For example, many of the stairs were broken. We had to repair all the stairs to ensure that people could exit from the whole building. We had to sort out the electrics for the whole building too, even if, in the end, we would only use a part of it. We also had to install lifts, even though we would not open certain levels. That was the strategy of restarting from the basis. Obviously, we knew early on that we would not concern ourselves with finishes.

JPV We had already worked on the little square in Bordeaux, Place Léon Aucoc, where we had decided to do nothing. The Municipality of Bordeaux planned a sort of embellishment of the square. We said that it needed a clean, but nothing else. In fact, it was beautiful already. If you took the time to look at the square, you would be convinced that it is beautiful.

JPV Por entonces ya habíamos hecho una placita en Burdeos, la plaza Léon Aucoc, donde decidimos no hacer nada. El Ayuntamiento de Burdeos planeó una especie de embellecimiento de la plaza y nosotros planteamos que solo era necesario limpiarla, pero no hacer nada más. De hecho, aquel lugar ya era hermoso. Si uno se toma el tiempo para mirarlo, se convencerá de que es así.

AL Bourriaud y Sans conocían el proyecto de la plaza Léon Aucoc. Para ellos fue asombroso, porque nunca imaginaron que un arquitecto pudiera proponer no hacer nada.

JPV Para nosotros es importante mirar los lugares tal como son y hacer intervenciones sencillas. Al referirnos a Yamaa el Fna, ya teníamos una imagen de lo que era el Palais de Tokyo. Esta idea de espacio público era muy fuerte y tenía relación con el hecho de que haríamos lo mínimo.

AL Para nosotros, Yamaa el Fna tenía relación con una cierta libertad espacial. Desde el principio, pensamos en no dividir el espacio, ni constreñirlo, sino dejarlo abierto, como en la plaza de Marrakech. Al igual que la plaza, esta era la condición que ofrecía la máxima posibilidad de reinventar el espacio tal como se necesitara para cada exposición.

JPV Por el contrario, el proyecto para el Palais du Cinéma era muy complejo. Durante los casi dos años de su construcción, que transformaron el edificio desde la planta baja al nivel medio, los contratistas abrieron grandes huecos, quitaron algunas vigas, cambiaron algunos pilares. Y entonces, tras varios problemas técnicos, el Ministerio de Cultura decidió parar el proyecto, de modo que el Palais de Tokyo quedó a media demolición y reconstrucción. Algunos pilares se habían debilitado y eran casi inestables, y algunas vigas se apoyaban en andamios. Inmediatamente después de esta decisión, las obras se pararon y, al día siguiente, todo el mundo desapareció de allí, dejando el edificio en una situación muy extraña, como si fuera un lugar abandonado.

AL Y cerraron la puerta.

JPV Y después el edificio permaneció vacío durante otros dos años. Y llegó el polvo, aparecieron las palomas y las ratas.

AL Y el agua de lluvia...

JPV Esta era la situación en la que nos encontramos el edificio. Casualmente, el comité técnico a cargo del Palais de Tokyo era el mismo que estaba a cargo del Palais du Cinéma, así que estaban completamente seguros de que nuestro proyecto nunca se llevaría a cabo.

AL Que no lo lograríamos.

AL Bourriaud and Sans knew this project of Place Léon Aucoc. For them it was amazing, because they never imagined that an architect could propose doing nothing.

JPV For us, it is important to look at places as they are, and to carry out simple interventions. When we referred to Djemaa el-Fnaa, we already had an image of what Palais de Tokyo was. This idea of public space was very strong, and related to the fact that we would do the minimum.

AL For us, Djemaa el-Fnaa was about a certain freedom of space. From the very beginning, we thought that we would not partition the space, or constrain it, but rather leave it open, like this square in Marrakesh. This condition would offer, just like the square, the maximum possibility to reinvent the space according to the needs of each exhibition.

JPV On the contrary, the project for the Palais du Cinéma was very complex. During the nearly two years of construction, which transformed the building from the ground floor to the middle level, the contractors opened huge voids, removed some beams, changed some columns. And then, following several technical problems, the Ministry of Culture decided to stop the project, so Palais de Tokyo remained partly demolished and partly reconstructed. Some columns were weakened and nearly unstable. Some beams were held up by scaffolding. Immediately after this decision, the construction stopped and, the day after, everyone disappeared from the site, leaving the building in a very strange state, as an abandoned place.

AL And they locked the door.

JPV And then the building stayed empty for another two years. The dust came, the pigeons came, the rats came.

AL And the rainwater...

JPV This was the situation in which we found the building. It turned out that the technical committee in charge of Palais de Tokyo was the same one in charge of the Palais du Cinéma. So they were one hundred percent certain that our project would never happen.

AL That we would not succeed.

JPV They were sure that we would work for one year, perhaps two, but that after two years we would have to abandon everything. They were sure that this project would not be possible. For us this meant incredible freedom, because they left us alone.

AL Soon after, our team of engineers also thought that the project was not possible. So they more or less disappeared, except for a couple of very faithful engineers, especially the advisor for fire safety, who really added a lot, because that was one of the biggest problems, along with structural reinforcement.

JPV Estaban seguros de que trabajaríamos un año, quizás dos, pero que después lo abandonaríamos todo. Tenían claro que el proyecto no sería posible, y para nosotros fue una libertad increíble, porque nos dejaron solos.

AL Poco después, nuestro equipo de ingenieros también pensó que el proyecto era imposible; más o menos acabaron desapareciendo, salvo uno o dos ingenieros muy fieles, sobre todo nuestro asesor de seguridad contra incendios, quien realmente aportó mucho pues, junto con los refuerzos estructurales, se trataba de uno de los problemas más importantes.

Probablemente era una ventaja para vosotros, dado el presupuesto tan reducido del que disponíais y las restricciones severas de tiempo, que no hubiera expectativas. Nadie pensaba que algo saldría de este proyecto...

JPV A excepción de Bourriaud y Sans. Eran jóvenes, y soñadores también.

AL Estaban muy entusiasmados.

JPV Tan pronto como fuimos seleccionados, fuimos a París desde Burdeos y dijimos que no sería posible quedarnos en Burdeos. Teníamos que mudarnos a Pa-

It was probably an advantage for you, given such a small budget and the severe time constraints, that there were no expectations. Nobody thought that anything would come of this project...

JPV Except for Bourriaud and Sans. They were young. They were also dreaming.

AL They were very enthusiastic.

JPV As soon as we were selected, we came to Paris from Bordeaux, and we said it would not be possible for us to stay in Bordeaux. We had to move to Paris. I asked for the client's permission to have an office inside the building itself. I said we could not do it otherwise. And they accepted. It was clear that, after the construction works of the Palais du Cinéma had stopped, nobody did a survey of what had actually been done. Nobody knew what was new, what was old, what was demolished, what was not demolished.

AL There were no plans...

In other words, the project actually emerged after you started to examine and think through the building itself...

rís. Le pedí al cliente permiso para instalar una oficina dentro del edificio. Le dije que, de otro modo, no podríamos hacerlo. Y aceptaron. Estaba claro que tras detenerse las obras del Palais du Cinéma, nadie hizo un estudio de lo que se había hecho. Nadie sabía qué era nuevo o antiguo, qué había sido demolido y qué no.

AL No había planos...

Es decir, el proyecto en realidad surgió cuando comenzasteis a examinar y a pensar a través del mismo edificio...

AL Éramos siete personas en aquel enorme lugar vacío: Bourriaud y Sans con su asistente, Jean-Philippe, yo y otros dos arquitectos. Estábamos absolutamente solos, todos los días, cada fin de semana, todo el tiempo. Y de vez en cuando, alguien venía a ver cómo íbamos.

JPV De hecho, cambiamos de ubicación dos o tres veces a medida que avanzaba el edificio. Éramos nómadas dentro del Palais de Tokyo. Era una especie de centro okupa. Recuerdo los primeros encuentros con la gente del Ministerio de Cultura. En nuestra primera presentación, empezamos a enseñar algunos planos y tras cinco minutos nos dimos cuenta de que no tenía ningún sentido quedarse allí. Teníamos que ver el edificio, no los planos. Creo que fue fundamental trabajar dentro del Palais de Tokyo; de hecho, era la única forma de hacerlo. Teníamos que examinar cada elemento.

Entonces, no procedisteis del dibujo al edificio...

AL Estaba claro que la situación requería una adaptación permanente. Nada convencional era relevante. Nos encontrábamos en un edificio que había sido debilitado por las obras del edificio anterior, algo que no habíamos percibido demasiado bien cuando visitamos el edificio. Así que tuvimos que trabajar muy duro para entender el estado de la estructura. Era una prioridad. Todos los pilares eran diferentes. Algunos eran estables. Algunos estaban debilitados y eran inestables. Nos dimos cuenta de lo ingente que sería esa tarea técnica.

JPV Al mismo tiempo, seguíamos conversando con Bourriaud y Sans, y rápidamente nos dimos cuenta de que hacer solo 5.000 m² era mala idea, porque teníamos que construir un muro para separar el espacio, cuando podíamos tomar todo el espacio y no construir un muro. Por tanto, ocupar dos veces más espacio era en realidad más barato que ocupar la mitad. Este fue una especie de generador de una forma de pensar y de concebir. Quizás era mejor trabajar con todo el espacio en lugar de intentar hacer un proyecto en alguna parte.

¿Hasta qué punto formulasteis el proyecto gradualmente, pieza a pieza, y hasta qué punto lo formulasteis de una vez, como una estrategia general?

JPV Empezamos a examinar el edificio elemento a elemento. Fue una especie de acupuntura. Nunca trabajamos realmente en términos de un proyecto general, sino

AL There were seven of us in this large, empty place: Bourriaud and Sans with their assistant; Jean-Philippe and myself; and two other architects. We were completely alone, all day, every weekend, all the time. And someone would occasionally come to check how it was going.

JPV In fact, we changed location two or three times, as the building progressed. We were nomads in Palais de Tokyo. It was a sort of squat. I remember the first meetings with the people from the Ministry of Culture. In our first presentation, we started to show some plans, but after five minutes we realised it made no sense at all to do it like that. We had to look at the building, not at the plans. I think it was crucial to work inside Palais de Tokyo. Actually, it was the only way to do it. We had to look at each element.

So you did not proceed from drawing to building...

AL It was clear that the situation required ongoing adaptation. Nothing conventional was relevant. We were in a building that had been weakened by the works-in-progress of the previous construction. And we did not appreciate the extent of this when we first visited the building. So we had to work very hard to understand the state of the structure. That was a priority. All the columns were different. Some were stable. Some were weakened, and unstable. We realised that the technical task would be huge.

JPV At the same time, we continued to have discussions with Sans and Bourriaud. We soon realised that to do only 5,000 m^2 was a bad idea, because we would have to build a wall to separate the space, when we could just take all the space and not build a wall. So taking two times more space was actually cheaper than taking half of it. This was a sort of generator of a way of thinking, and a way of conceiving. Perhaps it was better to work with the full space, instead of trying to make a project somewhere within the building.

To what extent did you formulate the project gradually, piece by piece, and to what extent did you formulate it all at once, as an overall strategy?

JPV We started to look at the building element by element. It was a sort of acupuncture. So we never really worked in terms of an overall project, but as an accumulation of little points, plenty of little points. Instead of 10,000 m^2, we had one thousand very precise situations: this column, this wall, this partition, this floor. At the same time, this fantastic building was now even more fantastic because it had been cleared out by the previous project. All the partitions were taken away. All the ceilings were taken away. In fact, the volume of the original building was only two thirds of the actual volume. Some parts were demolished. Some parts were destroyed, or damaged. What remained was really the skeleton of the building. It now looked like a sort of factory. And the more we worked on it, the more clearly it was revealed to us that this building had been built as a museum, with a very precise use of natural light. There was a mechanism already there for showing sculptures

como una adición de pequeños puntos, muchos puntitos. En lugar de 10.000 m^2, teníamos mil situaciones muy precisas: un pilar, un muro, un tabique, un suelo. Al mismo tiempo, el edificio era aún más fantástico porque había sido vaciado por el proyecto anterior. Se habían eliminado todos los tabiques y los suelos. De hecho, el volumen del edificio original era solo dos tercios del volumen real. Algunas partes fueron demolidas, otras destruidas o dañadas. Lo que quedaba era realmente el esqueleto del edificio. Parecía una especie de fábrica. Al mismo tiempo, cuanto más lo descubríamos, más claro nos parecía que había sido construido como museo, con un uso muy preciso de la luz natural. Ya contaba con un mecanismo para exponer esculturas y pinturas. Gracias a la demolición de los revestimientos interiores pudimos ver aún más claramente las huellas de este mecanismo.

AL La demolición también puso de manifiesto el contraste de esta arquitectura, con un exterior muy académico y convencional, y un interior con una estructura extremadamente eficiente y de concepción moderna. Realmente podíamos entender dónde había puesto el esfuerzo el arquitecto. Por ejemplo, el uso de la luz natural para exhibir obras de arte, o la relación entre el interior y el exterior, que cambiaba en los diferentes niveles. Hay cuatro plantas, pero tres de ellas son plantas bajas, porque están conectadas con la topografía urbana circundante. Desde el interior, el edificio parecía mucho más inteligente y más abierto de lo que podíamos juzgar por su exterior.

JPV La estructura también era realmente sorprendente: un pórtico de hormigón diseñado como si fuera de acero, como un esqueleto.

AL Y todo calculado a mínimos. Los pilares medían 25 × 25 cm, incluso a 7 m de altura. Pero estaban revestidos...

JPV Y tenían dimensiones falsas. Un pilar podía medir 25 × 25 cm, pero tenía una especie de revestimiento decorativo falso, como si fuera una columna clásica, de casi 60 o 70 cm de diámetro.

AL A veces de planta circular, a veces cuadrada...

JPV De mármol pintado...

Si el proceso llevó aproximadamente un año y medio, tiempo durante el cual fuisteis cuidadosamente desvelando el proyecto, ¿en qué momento confirmasteis que el enfoque pieza a pieza se consolidaría y, más aún, que implicaría un nuevo concepto de centro de arte contemporáneo?

JPV Desde el principio, diría. Probablemente de forma intuitiva. Entonces éramos más jóvenes. Ahora, con una mayor experiencia, probablemente tendríamos más confianza.

AL Para nosotros estaba claro que teníamos que poner el esfuerzo en conservar aquel espacio fascinante.

and paintings. And following the demolition of the interior claddings, we could see the traces of this mechanism even more clearly.

AL The demolition also revealed the contrast of the architecture: on the outside it was very academic, and very conventional, while on the inside it was a highly efficient structure, and extremely modern in conception. We could really understand where the architect had put his efforts — the use of natural light to exhibit art, for example, or the relation between inside and outside, which changed on the different levels. There are four floors, but three of them are in fact ground floors, because they are linked to the surrounding city topography. From the inside, the building appeared much more intelligent and more open than we could judge from the outside.

JPV The structure was also really amazing: a concrete frame that was designed as a steel frame, like a skeleton.

AL And all calculated to the minimum. The columns were 25 × 25 cm, even at 7 m high. But they were encased in cladding...

JPV And had fake dimensions. So you had a column of 25 × 25 cm, but there was a sort of fake decoration around it, as if it were a classical column, nearly 60 or 70 cm in diameter.

AL Sometimes a circle, sometimes a square...

JPV In painted marble...

If the process took roughly a year and a half, during which time you carefully unveiled the project, at which point did you realise that the piece-by-piece approach would come together, and, moreover, imply a new concept for a contemporary art centre?

JPV From the very beginning, I would say. Probably by intuition. We were younger at the time. Now, with more experience, we would probably be even more confident.

AL For us, it was clear that we had to make the effort to keep this fascinating space.

JPV Actually, we knew from the beginning that each day we would find a solution to each problem.

However, besides the fact that you completed the project in time, and within budget, you actually proposed an alternative concept for the contemporary art centre. Your project was countercultural, if not openly polemical. The building you addressed as "found object" was a monument (rather than an industrial, or vernacular building), located in the sixteenth district in Paris, and it was designed for the Ministry of Culture, that is, the State.

JPV De hecho, desde el principio sabíamos que cada día encontraríamos una solución para cada problema.

Sin embargo, además de haber conseguido acabar el proyecto a tiempo y dentro del presupuesto, en realidad propusisteis un concepto alternativo para el centro de arte contemporáneo. Vuestro proyecto era contracultural, si no abiertamente polémico. El edificio que tratasteis como "objeto encontrado" era un monumento (en lugar de un edificio industrial o vernáculo) en el distrito 16 de París y para el Ministerio de Cultura; es decir, para el Estado.

JPV Pero se trataba realmente de intentar acoger la situación plenamente con estos medios mínimos. Había dos edificios en el distrito 16, dos edificios gemelos, uno para el Ayuntamiento de París y otro para el Estado. En su interior, uno se hallaba exactamente igual a como se había proyectado en la década de 1930 y el otro estaba parcialmente demolido. Para nosotros era una oportunidad para crear un contraste entre el exterior y el interior. Este contraste ya era fuerte y lo forzamos aún más. Al mismo tiempo, todo ello tenía que ver con el programa que nos dieron Bourriaud y Sans, así que jugamos con todo esto. Nos preguntábamos qué estábamos haciendo. Aquello no era un museo, pero tampoco era una galería de arte. Era otra cosa. Era un centro de arte, un lugar donde se acogería a los artistas para que produjeran algunas exposiciones y donde se daría la bienvenida a los visitantes para verlas, y estaría abierto de mediodía a medianoche. Al mismo tiempo, pensábamos que los artistas no trabajaban en lugares como museos o galerías de arte, sino en talleres. Entonces, finalmente, pensamos que allí podría ocurrir algo vinculado a todo aquello.

AL En cierto sentido, llevamos al extremo el programa de Bourriaud y Sans. Incluso ellos mismos se sorprendieron de que lleváramos tan lejos sus intenciones. De modo que no inventamos un museo; simplemente llevamos al límite su programa. Tomamos su encargo y dijimos: este es el proyecto que se corresponde a lo que queréis hacer y que nosotros proponemos para el interior del Palais de Tokyo.

JPV Por ejemplo, dijimos que no había razón alguna para que las paredes fueran blancas. Si un artista quería paredes blancas, entonces así se harían, pero hasta entonces las dejaríamos tal como estaban, puesto que no sabíamos si las querría blancas.

AL Sin ninguna prefiguración...

JPV Al principio no estaban tan seguros de esto, pero finalmente se dieron cuenta de que formaba parte de lo que habían escrito en sus intenciones. De hecho, íbamos en esa dirección. Los llevamos a que se imaginaran aún más su programa.

Curiosamente, desafiasteis su concepto para un centro de arte contemporáneo al centraros en el edificio y en el presupuesto...

JPV Lo que hicimos tenía que ver con el presupuesto, pero también con mantener la belleza del espacio tal como era. Creíamos que debíamos tener cuidado de no

JPV But it was really about trying, with these minimal means, to embrace this situation in full. There were two buildings in the sixteenth district, two twins, one for the City of Paris and the other one for the State. On the inside, one was exactly as it was designed in the thirties, and the other one had been partly demolished. For us, this was an opportunity to create a contrast between outside and inside. This contrast was already strong, and we pushed it even more. At the same time, this had to do with the brief that was given to us by Bourriaud and Sans. So we played with it. We were asking ourselves what we were doing. This was not a museum. But nor was it an art gallery either. It was something else. It was an art centre, a place where artists would be invited to produce exhibitions, and where visitors would be welcomed to see them. And it would be open from midday to midnight. At the same time, we were thinking that artists did not work in places like museums, or in places like art galleries. They worked in ateliers. So, finally, we thought that what could happen there was something between all of that.

AL In a way, we just pushed Bourriaud and Sans's brief to the extreme. And they were even surprised that we pushed their intentions quite so far. So we did not invent a museum — we just pushed their brief to the extreme. We took their brief and said: if you want to do that, then this is the project which corresponds to that, and this is what we propose to do inside Palais de Tokyo.

JPV For example, we said that there was no reason for the walls to be white. If an artist wanted white walls, then we would make white walls. But until then, as we do not know, we would leave them as they are.

AL Without any prefiguration...

JPV In the beginning, they were not so sure about this, but in the end they realised that it was part of what they had written as their intentions. In fact, we were going in that direction. We pushed them to imagine their own brief even further.

Interestingly, you challenged their concept for a contemporary art centre by focusing on the building and on the budget...

JPV What we did had to do with the budget, but, at the same time, it was about keeping the beauty of the space as it was. We felt we had to be careful not to damage it, and to conserve its remnants. There was some paint from the thirties, some paint from the sixties, transformations from the eighties, demolitions from the nineties. We wanted to keep each element in the history of Palais de Tokyo. What had been done at each moment. We wanted to work with that. All we had to do was take care of the space, with precision.

AL We were already familiar with the notion of economy as a tool of freedom, ever since we designed Latapie House. But in this case, we had to push it to the extreme, and sometimes we even had some disagreements with colleagues. For example, the columns' fire protection had been removed, and the solution they proposed was to fling this kind of plaster everywhere, to get the fire resistance. For

dañarla, y conservar sus rastros. Había pintura de la década de 1930, de la de 1960, transformaciones de la de 1980 y demoliciones de la de 1990. Queríamos mantener cada elemento en la historia del Palais de Tokyo, aquello que se había hecho en cada momento. Queríamos trabajar con eso. Todo lo que teníamos que hacer era cuidar el espacio con precisión.

AL Ya estábamos familiarizados con la idea de economía como herramienta de libertad desde que hicimos la casa Latapie. Sin embargo, en este caso tuvimos que llevarla al extremo, y, a veces, incluso luchar con algunos de nuestros socios. Por ejemplo, se había eliminado la protección contra el fuego de los pilares y la solución que propusieron era proyectar esta especie de yeso por todas partes para conseguir la resistencia al fuego necesaria. Para nosotros, esto no tenía ningún sentido. En primer lugar, era extremadamente caro, y después, hubiera dañado realmente las cualidades del espacio. De modo que luchamos contra eso y, con la ayuda del ingeniero experto en seguridad contra incendios, finalmente encontramos una mejor solución para demostrar, mediante el cálculo y estudios más precisos sobre la estructura, que la capacidad real de la estructura de hormigón era bastante mayor y que esta resistiría por sí misma al fuego, tal como se requería.

JPV Este fue uno de los grandes problemas, pero hubo muchos otros. Para cada uno de ellos, tratamos de pensar la forma más evidente o sencilla de hallar una respuesta.

AL Dado que el edificio era enorme, también calculamos el recorrido más corto para el trazado del cableado eléctrico. Todo se hizo de esta manera, para evitar despilfarrar, pero también para trabajar con la naturaleza del edificio. Estábamos seguros de que no agregaríamos nada que no fuera de interés o que cambiara la condición del espacio. Esta es la libertad de la economía. Gastar menos para lograr un resultado mejor.

JPV También era importante no caer nunca en los grandes números o cantidades. Teníamos que hacer el proyecto elemento a elemento, pilar a pilar, viga a viga...

AL Pared a pared...

JPV Cada pilar era diferente. Si uno no era lo suficientemente estable, entonces poníamos un poco de acero y hormigón alrededor. Si otro era estable, pero carecía de protección contra incendios, le poníamos un poco de yeso alrededor, pero no demasiado. Si otro era estable, teníamos que reforzarlo de otra manera. Si otro tenía la mitad del revestimiento original de mármol falso, lo dejábamos tal cual y simplemente reparábamos su parte superior. Finalmente, también aprendimos que gastar menos dinero evita cometer más errores.

Pasemos ahora a los conceptos que siguieron al proyecto; es decir, los conceptos que se derivaron de haber acabado el proyecto y, a su vez, su efecto en vuestro trabajo. Como ya habéis sugerido, verificasteis algunos supues-

us, this was nonsense. First, it was extremely expensive. Second, it would have really damaged the qualities of the space. So we really fought against that, and, with the help of the fire safety engineer, we eventually found a better solution in demonstrating (by carrying out more precise investigations on the structure, and by making calculations) that the real capacity of the concrete structure was much more effective, and would resist fire by itself, as necessary.

JPV That was one of the biggest problems. There were many others. For each of them, we tried to think what was the clearest or simplest way to find the answer.

AL Since the building was so huge, we also calculated the shortest path for the layout of the electricity cables. Everything was done in this way, to avoid waste, but also to work with the nature of the building. We were sure that we would not add anything unnecessary, or anything that would change the condition of the space. This is the freedom of economy. Spending less for the better.

JPV What was also important was never to fall into big numbers or quantities. We had to do the project element by element, column by column, beam by beam...

AL Wall by wall...

JPV Each column was different. One column was not stable enough, so we put some steel and concrete around it. Another column was stable, but not fireproof, so we placed some plaster around it, though not too much. Yet another column was stable, but we had to strengthen it differently. Another column had half of its original cladding in fake marble, so we had to keep it like that and just repair it above. Finally, we also learnt that using less money prevents you from making more mistakes.

Let's now turn to the concepts that followed the project; in other words, the concepts that derived from having completed the project, and, in turn, their effect on your own work. As you already suggested, you verified some assumptions: to exploit the given constraints, to transform the existing conditions, to do almost nothing...

JPV To begin, we verified that our strategy was successful. As I mentioned, the technical committee was convinced that the project would never happen. They thought that it was impossible, that we wouldn't be able to do it. So, at a certain point, the Ministry of Culture also lost confidence in the project. But not Bourriaud and Sans, who always believed in the project. Then, we received the construction bidding, and, in fact, it turned out to be about three million euros, which was the given budget. Suddenly, the client realised that they had to build it. Some people had thought it would be better to do something else, but now it was too late, because the project was possible.

AL The contractors signed.

tos: aprovechar las constricciones dadas, transformar las condiciones existentes, hacer casi nada...

JPV Para empezar, verificamos que nuestra estrategia tuvo éxito. Como ya he dicho, el comité técnico estaba completamente seguro de que el proyecto nunca se llevaría a cabo, que era imposible y que no podríamos hacerlo. En un momento dado, el Ministerio de Cultura también perdió la confianza en el proyecto, pero no así Bourriaud y Sans, quienes siempre confiaron en el proyecto. Entonces recibimos la licitación del proyecto y, de hecho, resultó que el coste era de unos tres millones de euros, el presupuesto que nos habían dado. De repente, el cliente se dio cuenta de que tenían que construirlo. Algunos habían pensado que era mejor hacer otra cosa, pero ahora era demasiado tarde porque el proyecto era posible.

AL Los contratistas firmaron.

JPV Entonces, hicimos el seguimiento de obra y todo salió bastante bien, lo que reafirmó nuestra forma de trabajar. Después de la casa Latapie y la plaza Léon Aucoc, esta fue la prueba de que, si queríamos, podríamos encontrar soluciones para todo. Y, en mi caso, también fue como volver a África, a aquellas situaciones en las que todo es difícil, pero...

JPV Then, we followed the construction site and everything went quite well. This reaffirmed the way in which we were working. After Latapie House and Place Léon Aucoc, this was the proof that, if we wanted, we could find solutions to everything. And, for me, it was also coming back to Africa, to those situations where everything is difficult but...

AL ... you make do...

JPV In the end, people always find a solution.

AL Saying "doing almost nothing" is probably not quite right. In fact, in Palais de Tokyo we did a lot. So I would say instead, "doing just what is needed." In other words, what is essential for the project, and nothing more. Which is quite different from doing almost nothing.

You are right. As a matter of fact, for economy to be a tool, as you often say, you have to do a lot more. For instance, many of your strategies entailed questioning consultants' received ideas, as well as streamlining the space, and reducing spending among contractors; that is, broadening the scope of your practice...

AL ... en las que uno se las acaba apañando...

JPV Al final, la gente siempre encuentra una solución.

AL Decir "hacer casi nada" probablemente no sea correcto. De hecho, en el Palais de Tokyo hicimos mucho, de modo que, en su lugar, yo diría "hacer justo lo necesario"; es decir, lo esencial para el proyecto y nada más, algo que es bastante diferente a hacer casi nada.

Tienes razón. De hecho, para que la economía sea una herramienta, como vosotros soléis decir, debéis hacer mucho más. Por ejemplo, muchas de vuestras estrategias suponían poner en duda ideas recibidas de los especialistas, así como optimizar el espacio, y reducir el gasto entre los contratistas; es decir, ampliar el espectro de su práctica.

JPV Muy a menudo, los arquitectos crean complejidad y, por tanto, un montón de trabajo. Tratamos de encontrar la simplicidad y escapar de la complejidad de la realidad, en lugar de crear complejidad nosotros mismos.

AL También tuvimos que inventar herramientas, incluso para los medios tradicionales de representación del proyecto. Por ejemplo, los documentos para la licitación tenían que ser diferentes. Al principio, el cliente nos obligaba a hacer documentos muy convencionales, como planos y memorias, pero comprobamos que no funcionaban. Los contratistas no podían entender que no había que hacer algo en todas partes, sino solo en situaciones muy precisas. Después obligamos al cliente a que nos dejara cambiar los documentos que entregábamos a los contratistas. Hicimos documentos donde describíamos estas microsituaciones en colores, una forma no muy tradicional de representar el trabajo que había que hacer, pero la más precisa y eficaz para esta situación.

JPV También fue muy importante para el éxito del proyecto que el cliente aceptara trabajar con diferentes empresas, en lugar de con un contratista general. De hecho, un contratista general aplica el costo por metro cuadrado a todo, y uno nunca habla con el especialista. Cuando se lo pides a un carpintero, a quien pinta la fachada, a quien repara el hormigón, cada uno hace su trabajo específico.

AL Con las cantidades justas...

Algunos años después de acabar el Palais de Tokyo, volvisteis a trabajar con algunos de sus conceptos en un nuevo proyecto cultural, esta vez construido desde cero: la Escuela de Arquitectura de Nantes. Ambos proyectos comparten una serie de premisas y la estrategia...

JPV Esto fue muy importante y creo que ocurrió precisamente porque hicimos el concurso para la Escuela de Arquitectura de Nantes dentro del Palais de Tokyo; nuestra oficina estaba allí mismo. Trabajábamos en el proyecto del Palais de Tokyo,

JPV Very often, architects create complexity, and, as a consequence, a lot of work. We try to find simplicity, and to escape the complexity of reality, rather than to create complexity ourselves.

AL We also had to invent tools, even for the traditional means of representation of the project. For example, the documents for the tender had to be different. At the beginning, we were forced by the client to draw up very conventional documents like plans and descriptions, but we could see that they would not work. The contractors could not understand that there was not something to do all over the place, but rather just on very targeted situations. Then, we forced the client to let us change the documents that we gave to the contractors. We made documents where we had these micro-situations, described in colours — it was not a very traditional way of representing the work to be done, but it was the most accurate and efficient in this situation.

JPV It was also very important for the success of the project that the client accepted to work with different firms, rather than with a general contractor. In fact, the general contractor takes everything, and applies the cost by square metres, and you never talk to the specialist. When you ask a carpenter, the person who paints the façade, the person who repairs the concrete, each one does their specific job.

AL With the right quantities...

A few years after completing Palais de Tokyo, you restaged some of its concepts on a new cultural project, this time built from scratch: the Nantes School of Architecture. Both projects share a number of assumptions, as well as a strategy...

JPV This was very important. And I think it happened precisely because we put together the competition proposal for the Nantes School of Architecture when we were inside Palais de Tokyo. Our office was there. We were working on the project for the Palais de Tokyo, of course, but this was also our office. At this time, there were six of us. Working inside Palais de Tokyo, its dimensions gave us great inspiration. The idea came from there. If, right there in the huge structure and space at Palais de Tokyo, we were making a contemporary art centre, perhaps we could do the same for the Nantes School of Architecture. That is, we could make a large open structure and then install a school of architecture inside it.

AL It is clear that we were experiencing, in real life, what the capability of the structure was, and how decisive an open structure was in terms of providing freedom. Palais de Tokyo was teaching us that directly, in real time, allowing us to experience it simultaneously.

JPV The dimensions of the different levels in the Nantes School of Architecture were directly related to those in Palais de Tokyo...

desde luego, pero también era nuestra oficina. Por aquel entonces éramos seis personas, y puesto que nos encontrábamos dentro del Palais de Tokyo, sus dimensiones nos inspiraron. La idea surgió de ahí. Si en el enorme espacio y la enorme estructura del Palais de Tokyo estábamos haciendo un centro de arte contemporáneo, quizás podríamos hacer lo mismo con la Escuela de Arquitectura de Nantes; es decir, podríamos hacer una gran estructura abierta y luego instalar una escuela de arquitectura en su interior.

AL Está claro que estábamos experimentando en la vida real cuál era la capacidad de la estructura y cuán decisiva era una estructura abierta para dar libertad. El Palais de Tokyo nos estaba enseñando eso en vivo y simultáneamente nos permitía experimentarlo.

JPV Las dimensiones de los diferentes niveles de la Escuela de Arquitectura de Nantes estaban directamente relacionadas con las del Palais de Tokyo...

Una gran estructura y una estructura pequeña dentro...

JPV El volumen general vino dado por la normativa. Tomamos la superficie máxima de la parcela y la altura máxima, y en el interior de este volumen máximo con niveles como el Palais de Tokyo, colocamos una estructura secundaria.

Construir el volumen máximo permitido por la normativa era esencialmente equivalente a tener un edificio existente. Me interesa otro asunto que estaba implícito en la Escuela de Arquitectura de Nantes y que se ha vuelto central en la mayoría de vuestros proyectos: el desfase entre la estructura y el programa. En otras palabras, vuestra aproximación al programa se basa en proponer estructuras abiertas cuyo volumen supera ampliamente el de los programas requeridos...

JPV Es también el caso del Palais de Tokyo, justamente porque, cuando el encargo era de 5.000 m^2, propusimos 10.000 m^2, y años más tarde, en la segunda fase, propusimos completar el proyecto hasta el volumen máximo. En el Palais de Tokyo luchamos por no construir tabiques, por intentar ocupar el máximo espacio y hacer el máximo espacio público. El máximo espacio es lo que nos ofrecía la oportunidad de no tener necesidad de particiones. Debo decir que no lo logramos del todo porque algunos lugares no son accesibles al público. Esta idea de paisaje es muy importante para nosotros, y no podemos llevarla a cabo cuando el volumen es exactamente el resultado del programa y el presupuesto; es decir, cuando se trabaja con el programa mínimo. Si queremos escapar de esto, como en la casa Latapie, en el Palais de Tokyo o en la Escuela de Arquitectura de Nantes, tenemos que jugar de otra manera. Tenemos que considerar el presupuesto y el volumen máximo y luego colocar el programa dentro de ese volumen máximo. Debe haber un remanente entre el volumen máximo y lo que colocas en su interior. Este es el espacio extra, el espacio libre.

A large structure and a small structure within…

JPV And the general volume was dictated by the regulations. We took the maximum surface of the plot and the maximum height. And inside this maximum volume, with the levels like Palais de Tokyo, we had a secondary structure.

Building the maximum volume allowed by the regulations was essentially the equivalent of already having an existing building. I am interested in another question that was implicit in the Nantes School of Architecture, one that has become central to most of your projects: the discrepancy between the structure and the designated space. In other words, your approach to programming space is based on proposing open structures that far exceed in volume what is required in the brief…

JPV This was also the case in Palais de Tokyo. Precisely because, when the brief was 5,000 m^2, we proposed 10,000 m^2, and years later, in the second phase, we proposed to complete the project on the maximum volume. In Palais de Tokyo we fought not to make partitions, to try to occupy the maximum space and make it public. Because using the maximum space allowed us to renounce partitions. We did not fully succeed, I must say, because a few places are not accessible to the public. This is the idea of a landscape, which is very important to us. And we cannot do that when the volume is exactly the result of the brief and the budget; that is, when you work with the minimum designated space. If we want to escape that approach, like in Latapie House, Palais de Tokyo, or the Nantes School of Architecture, we have to play differently. We have to consider the budget, we have to consider the maximum volume, and then place the programme inside this maximum volume. There must be a remainder between the maximum volume and what you place inside. This is the extra space, the free space.

AL As you said, Palais de Tokyo was an experiment, and then we applied it in the Nantes School of Architecture. The question was how to instigate a state of maximum freedom for the occupation. And it is clear that, at that stage, the intended function was not so important. If the space is big enough, or generous enough, any function can find its place. And this also allows the occupant to imagine and enable many different lives over time, because it creates the right conditions for evolution and reuse.

This concept seems to be at play in most of your projects. Actually, there is a twofold argument regarding structure. On the one hand, you aim for the maximum structure with the minimum material; that is, you build, or simply adapt, light structures. On the other hand, you aim for the maximum structure to exceed the minimum programme; that is, you double the designated space with non-programmed space. This excess of volume, you argue, instigates possibilities for the programme and, in turn, for the life in a building. This was probably also a lesson from Palais de Tokyo, where several specific functions were diluted…

JPV In fact, there is no reason to build less than what is possible and allowed by the city regulations. So it means that we always find a way to take the maximum amount.

AL Como has dicho, el Palais de Tokyo fue un experimento y luego aplicamos sus principios en la Escuela de Arquitectura de Nantes. La cuestión era cómo instigar un estado de máxima libertad para la ocupación, y está claro que en aquella etapa el programa no era tan importante. Si el espacio es lo suficientemente grande o generoso, cualquier programa puede encontrar un lugar y también permite al ocupante imaginar y hacer posibles muchas vidas distintas a lo largo del tiempo, pues crea condiciones para la evolución y la reutilización.

Este concepto parece estar en juego en la mayoría de vuestros proyectos. En realidad, existe un doble argumento en relación con la estructura. Por una parte, apuntáis a la máxima estructura con el mínimo material; es decir, construís, o simplemente adaptáis, estructuras ligeras. Por otra, apuntáis a la máxima estructura para superar el programa mínimo; es decir, duplicáis el espacio programado con espacio no programado. Sostenéis que este exceso de volumen instiga posibilidades para el programa y, a su vez, para la vida en un edificio. Esta fue probablemente también una lección que procede del Palais de Tokyo, donde muchos de los programas específicos se diluyeron...

JPV De hecho, no hay razón para construir menos de lo que se puede y de lo que permite la normativa municipal. Esto significa que siempre encontramos la manera de tomar lo máximo. En el caso de la Escuela de Arquitectura de Nantes, además de alcanzar la altura máxima, quisimos hacer que la cubierta fuera accesible. La cubierta era el punto más alto, pero también el punto donde uno podía hacer lo que quisiera, de modo que no había limitación de altura. Y luego consideramos el programa. Siempre hay un espacio remanente entre el programa y el volumen general, al que llamamos espacio doble. Muy a menudo es el doble de metros cuadrados, o cúbicos, del programa, y crea una especie de volumen que, podría decirse, tiene un programa indefinido. Es una especie de espacio extra y un espacio de combinación. Lo interesante para nosotros es que cuando existe esta dualidad, la misma cantidad de espacio programático y no programático, ambos pueden jugar juntos.

Como es el caso de la casa Latapie, la Cité Manifeste en Mulhouse y el FRAC de Dunkerque...

AL Exactamente, y eso le da un margen de uso. Está claro que esto también es algo que aprendimos en el Palais de Tokyo. Lo utilizamos en la Escuela de Arquitectura de Nantes, aunque probablemente por entonces no podíamos explicarlo de manera tan clara. Aunque también tiene que ver con el uso del espacio máximo permitido en una parcela. Es un hecho que el espacio público del Palais de Tokyo ya estaba allí y en cantidad suficiente, y en Nantes, en cierto sentido, la situación era la misma. El solar era demasiado grande para el programa. Para nosotros, no era interesante agregar espacio público a nuestro solar, porque ya había suficiente espacio público alrededor. En cambio, era más interesante ampliar la envolvente y ofrecer espacio público en el interior. Y esto también fue, en cierto modo, algo que aprendimos del Palais de Tokyo, que ofrecía tanto espacio público

And in the case of the Nantes School of Architecture, in addition to reaching the maximum height, we wanted to make the roof accessible. The roof was the highest point, but it was also the point where you could do whatever you wanted. So, there was no limitation of height. And then we considered the programme. There is always a sort of leftover space between the designated space and the overall volume. We call this the double space. Very often it is double the amount of square metres, or cubic metres, of the designated space. And it creates a sort of volume that, we could say, has an undefined function. It is sort of an extra space, and a space of combination. What is interesting for us is that when there is this duality, the same amount of programmatic space and non-programmatic space, the two can play together.

As is the case in Latapie House, Cité Manifeste in Mulhouse, and FRAC in Dunkirk…

AL Exactly. And it gives a margin of use. This is definitely another thing we learnt from Palais de Tokyo. We used it in the Nantes School of Architecture, though we could probably not explain it quite so clearly at the time. But it is also related to using the maximum space allowed on a plot. It is a fact that the public space in Palais de Tokyo was already there, and in enough quantity. And in Nantes, in a way, it was the same. The plot was too big for the intended function. But, for us, it was not worth adding any outdoor public space on our plot, because there was already enough public space around. Instead, it was better to enlarge the envelope and offer some public space inside. And this was also, in a way, a lesson from Palais de Tokyo, which offered so much public space that the building itself turned into a part of public life, not just as a place to exhibit art works, but also sometimes like a square.

JPV And perhaps there is another crucial point, one that we also discovered in Palais de Tokyo: the depth. We experimented with the progression of natural light and the different qualities of space, as well as variations in atmospheres. Since this is extra space, it creates possibilities, and choice. People can go where the sun is, where the light is, where the shade is, where the dark is. The project is not only a quantity of square metres, but also a quantity of atmospheres.

AL It is a luxury.

JPV And this allows the inhabitants who use the space to choose where they want to be. It means that you will not use it in the same way in the summer or in the winter, when it is hot or when it is cold, when you are alone or when you are with someone. I do not know whether this attraction for nomadism comes from what we saw when we were in Africa. But the point is to understand a building as a place where you move. If you just respect the minimum requirements, you will offer no ease of movement. There will be a room that has precise dimensions, that responds to a specific need, and that will be the only need you build for. And we do not like that. What we like is precisely to offer the possibility of movement. We like it when, in a room, someone opens the sliding doors, and the room becomes twice as big.

que el edificio mismo acabó siendo parte de la vida pública, y no solo como un lugar para exhibir obras de arte, sino a veces como una plaza.

JPV Y quizás haya otro punto muy importante que descubrimos en el Palais de Tokyo: la profundidad. Experimentamos con la graduación de la luz natural y con las diferentes calidades del espacio y variaciones de atmósferas. Dado que se trata de un espacio extra, crea posibilidades, y opciones. La gente puede ir donde pega el sol, donde hay luz, donde hay sombra o donde hay oscuridad. El proyecto no es solo una cantidad de metros cuadrados, sino también una cantidad de atmósferas.

AL Es un lujo.

JPV Y esto permite a los habitantes que utilizan el espacio elegir dónde quieren estar. Significa que no utilizarás el espacio de la misma manera en verano o en invierno, cuando hace calor o cuando hace frío, cuando estás solo o cuando estás acompañado. No sé si esta atracción por el nomadismo proviene de lo que vimos cuando estuvimos en África, pero el tema es entender un edificio como un lugar por el que uno se mueve. Si solo respetas el programa mínimo, no ofrecerás esa facilidad de movimiento. Habrá una sala de dimensiones precisas que responde a una necesidad específica, y esa será la única necesidad para la que construyes. Esto no nos gusta. Lo que sí nos gusta es precisamente ofrecer posibilidades de movimiento. Por ejemplo, cuando se abren las puertas correderas de una habitación y esta se vuelve el doble de grande.

AL Está claro que, si uno siempre responde estrictamente al programa con la superficie mínima necesaria, solo podrá cumplir con los requisitos de luz y temperatura estándares, pero nunca podrá ofrecer todas esas variaciones no estándar que dan confort, bienestar y placer. Sobredimensionar es lo que puede ofrecer todas estas condiciones. Así que, en muchos sentidos, sobredimensionar es una ventaja.

JPV Una vez más, fue muy importante para nosotros trabajar dentro del Palais de Tokyo. La arquitectura existe porque uno está dentro; e incluso cuando uno está afuera, todavía está dentro de algo: de la calle, entre dos edificios, de la ciudad o del paisaje. Uno está dentro porque habita. Y tiene un montón de situaciones en el interior: planta sótano y planta superior, en el medio y alrededor, un ensamblaje de muchos fragmentos de espacios uno encima del otro, uno a la izquierda, otro a la derecha, uno arriba, otro abajo. Al final, todo esto crea algo, un resultado, que es un edificio: a veces se trata del volumen máximo que permite la normativa, y a veces es el Palais de Tokyo porque el edificio ya estaba allí. Pero siempre te estás moviendo dentro del espacio, todo el tiempo.

AL Esto es muy importante, porque en el Palais de Tokyo —y probablemente entonces no nos dimos cuenta por completo— la experiencia de proyectar desde dentro hacia afuera fue absolutamente única y excepcional. Creo que nunca antes

AL It is clear that if you are always strictly responding to the brief with the kind of minimum surface that is needed, you can only fulfil the standard requirements of light and temperature, but you can never offer all these non-standard variations which bring comfort, well-being, and pleasure. Oversize is what can offer all these conditions. So, in many ways, oversize is a plus.

JPV Again, it was very important for us to work inside Palais de Tokyo. Architecture exists because you are inside. And, even when you are outside, you are still inside something: inside the street, or between two buildings, or inside the city, or inside the landscape. You are inside because you inhabit. And you have plenty of situations inside: underground floor and upper floor, in-between and around, an assemblage of many fragments of spaces, one on top of the other, one on the left, one on the right, this one above, this one below. And that, in the end, creates something. And there is the result, which is a building: sometimes it is the maximum volume that is allowed by the regulations, and sometimes it is Palais de Tokyo, because the building was already there. But you are always moving inside the space, all the time.

AL This is fundamental, because in Palais de Tokyo, and we probably did not fully realise it at the time, the experience of designing from inside-out was absolutely unique and exceptional. I think we had never that opportunity before, and we really discovered how essential it is to design a project from the inside.

JPV And we took a step further with this in the second phase, twelve years later, when we explored and worked with the verticality of Palais de Tokyo. At that time, we had more budget, less time for the project, and the office was no longer there. If the first phase had been Djemaa el-Fnaa, the second phase was the Fun Palace, by Cedric Price. We used this reference in the competition for this new phase. We took the section of Palais de Tokyo, with its verticality, with the different levels, with what was nearly underground, with what was on the roof.

To some extent, the lessons from the Nantes School of Architecture were applied back to Palais de Tokyo...

JPV Seeing the programming and the occupation from midday to midnight, the people across space and time, this sort of a succession of events, we could say that, no matter whether it was an existing building, or a new building, the Fun Palace now existed.

Also, you doubled the volume mainly with non-programmed space...

AL The most difficult point to explain, when you do a project, is probably that you do not need to do something everywhere, and that there does not always have to be something to see. Palais de Tokyo is really the place for the imagination. The artists and the visitors themselves always find something to do there and, this is what we think, even when there is no exhibition to see.

habíamos tenido esta oportunidad, y realmente descubrimos lo fundamental que
es hacer un proyecto desde dentro.

JPV Y en esto dimos un paso más con la segunda fase, doce años más tarde,
cuando exploramos y trabajamos con la verticalidad del Palais de Tokyo. Para entonces disponíamos de un mayor presupuesto, menos tiempo para el proyecto y
la oficina ya no estaba dentro del edificio. Si la primera fase había sido Yamaa el
Fna, la referencia que dimos en la segunda fase del concurso fue el Fun Palace de
Cedric Price. Tomamos la sección del Palais de Tokyo, con su verticalidad, con los
diferentes niveles, con lo que era casi subterráneo, con lo que había en la cubierta.

Hasta cierto punto, se trata de cosas aprendidas en la Escuela de Arquitectura de Nantes que se aplicaron al Palais de Tokyo…

JPV Al ver la programación y la ocupación del edificio de mediodía a medianoche,
la gente que atraviesa el espacio y el tiempo, y la sucesión de acontecimientos,
podríamos decir que, sin importar si se trata de un edificio existente o de uno nuevo, ahí estaba el Fun Palace.

Además, duplicasteis el volumen principalmente con espacio no programado…

AL Probablemente lo más difícil de explicar cuando haces un proyecto es que no es
necesario hacer algo, o que deba haber algo, en todas partes. El Palais de Tokyo es
realmente un lugar para la imaginación. Los artistas y los visitantes siempre encuentran algo que hacer allí, e incluso —así lo creemos nosotros— cuando no hay una
exposición que ver en alguna parte.

espacio libre

free space

¿Qué es el "espacio libre"?
El recuerdo del desierto, la búsqueda del horizonte, sin muros ni barreras, la sensación de libertad, el espacio que se escapa, que deja escapar el aire, la luz, la vista, la imaginación...
La impresión de que el espacio es un prisionero entre rejas, fachadas cerradas, muros aislantes y grosores, detrás de la coacción económica, los programas, la arquitectura, el urbanismo actual...

El espacio libre es:
espacio que no está restringido,
espacio bajo *pilotis*,
espacio de balcones e invernaderos,
espacio en cubiertas accesibles,
espacio interior profundo, que nunca existe en espacios estándar, pues se considera demasiado profundo o inútil,
espacio extra, que hace que el espacio "programado" sea más afable, más fluido, menos costoso,
espacio libre de programa que elude una función definida específica,
espacio que evita reglas y normativas,
espacio que nadie pide, pero que nos parece indispensable,
espacio creado adicionalmente, pero que no cuesta más; espacio que no cuesta nada...

Nuestro enfoque:

Apañárselas, en todas las situaciones, partiendo de lo existente.
Nunca demoler ni quitar, sino aprovechar al máximo los recursos existentes, manejándose con la poesía, la fragilidad, las cualidades y los defectos, las carencias, el suelo natural.
Considerar situaciones existentes como capacidades y materiales del proyecto.
Crear mayor superficie utilizando menos territorio.

Crear el doble de espacio: espacio lleno / espacio libre
Un proceso simultáneo de condensación-dilatación, densificación-ampliación.
Liberarse de las limitaciones presupuestarias, los programas estándar mínimos, los coeficientes de eficiencia, las normativas urbanísticas.

Construir plantas como el terreno
Sobre *pilotis* para liberar el terreno natural,
en estructuras abiertas de postes y tarimas.
Lo más grande posible para proporcionar espacio alrededor del programa.
Conectar estas plantas con escaleras, ascensores, rampas, flujos suaves.
Hasta la última planta: el techo, siempre accesible.
    La casa Dom-Ino y los *polykatoika* atenienses.
Pensando en unir relaciones sutiles.
    Cedric Price y el sándwich invisible.

What is "free space"?
The memory of the desert, a search for the horizon, no walls or barriers, the feeling of freedom, space that slips away, that lets escape the air, the light, the sight and the imagination...
The impression that space is a prisoner, behind bars, closed façades, insulating walls and thicknesses, behind economic constraints, programmes, architecture, town planning today...

Free space is:
space that is not constrained,
space under pilotis,
space on balconies and in winter gardens,
space on accessible rooftops,
deep inner space, which never exists in standard spaces as it is considered too deep or useless,
extra space, which makes the "programmatic" space smoother, more fluid, less expensive,
space free of any programme, eluding a specific defined function,
space that avoids rules and regulations,
space that isn't asked for, but that we find indispensable,
space that is created additionally but that doesn't cost more, space that costs nothing...

Our approach:

Making do in all circumstances, starting off from what exists.
Never demolishing or removing, but making the most of existing resources; making do with the poetry, fragility, qualities and defects, shortcomings, the natural ground.
Considering existing situations as possibilities and project materials.
Creating greater surface area by using less territory.

Creating double space: filled space / free space
A simultaneous process of condensing-dilating, densification-extension.
To shake free from budgetary constraints, minimum-standard programmes, efficiency coefficients, urban regulations.

Making floors like ground
On pilotis to release the natural ground,
on open frameworks of posts and floorboards.
As large as possible, to provide the programme with space around.
Linking these floors with staircases, elevators, slopes, gentle flows.
Up to the last ground: the roof, always accessible.
    Dom-Ino house and the *polykatoika* in Athens.
Thinking about the subtle relationships put together.
    Cedric Price and The Invisible Sandwich.

Liberar espacio en todos los terrenos
Desde el interior hasta el perímetro de las plantas y simplemente filtrándose a través de ventanales correderos transparentes, cortinas, persianas, según el clima o la estación, mediante invernaderos y balcones.
Sin paredes; esto es, sin ventanas. Moviéndonos de afuera hacia adentro y encontrando nuevamente el exterior de adentro afuera.
    La villa imperial de Katsura y las Case Study Houses.

Separación del espacio interior con particiones ligeras y removibles
Independiente de los elementos estructurales.

Agrandamiento, dilatación, ampliación, duplicación
Sin gastar más, construir el doble con el presupuesto dado al proyecto para generar espacio para el programa y para el uso.

Releasing space on every ground
From the inside towards the limits of the floors and simply filtering out through transparent sliding bay windows, curtains, blinds, depending on the climate or season, through winter gardens and balconies.
No walls, so no windows. Moving from the outside to the inside and finding again the outside from the inside out.
  The Katsura Imperial Villa and the Case Study Houses.

Separating indoor space with light, removable partitions
Independent of structural elements.

Enlarging, dilating, extending, doubling
Constructing double with the project's given budget, without spending more, to generate space for the programme and for usage.

Habitación
Niamey, Níger, 1984
*Una cabaña de paja sobre una duna
que mira al río y a la ciudad.*

Habitation
Niamey, Niger, 1984
*A straw hut in a dune facing the river
and the city.*

El espacio libre está en todas partes: en el desierto,
en la línea del horizonte, ilimitado.

Free space is everywhere: in the desert, on the horizon line,
unlimited.

0 1   10 m

Casa Latapie
Burdeos, Francia, 1993
*Una casa unifamiliar en los suburbios
con un presupuesto bajo.*

Latapie House
Bordeaux, France, 1993
*A family house in the suburbs with
a small budget.*

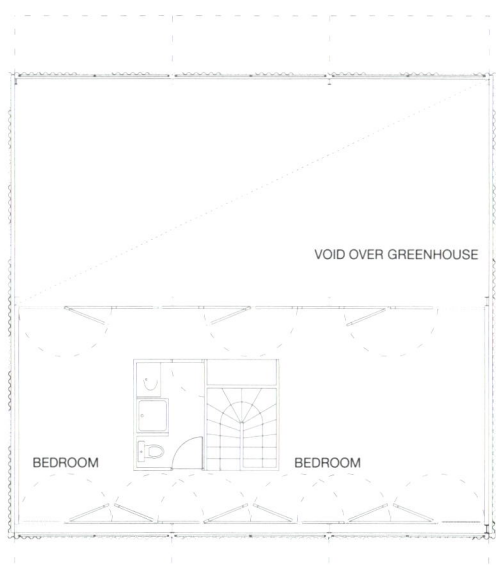

Planta primera
First floor

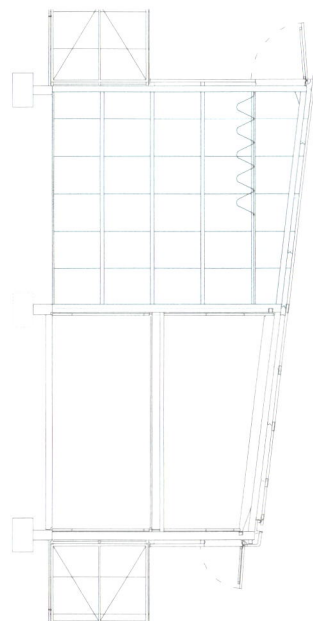

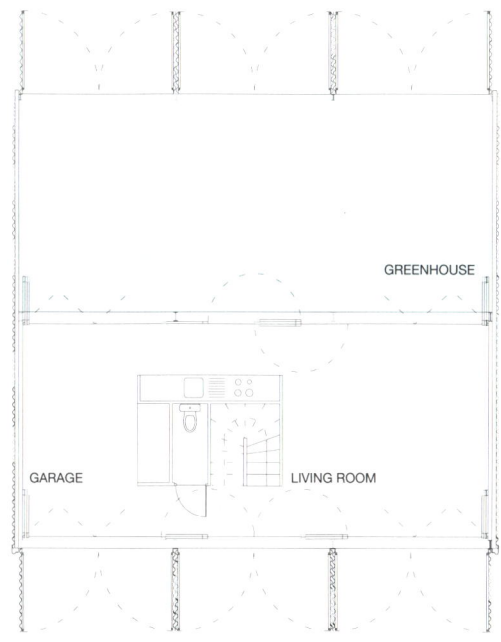

Planta baja
Ground floor

Doble, mitad/mitad.
Espacio libre equivalente al espacio programado,
con el mismo presupuesto.
El doble de espacio para la vida cotidiana y una relación
natural con el clima.
El invernadero es el espacio de libertad y de apropiación,
esencial para el gozo del habitar.
El espacio libre permite huir de las normativas.

Double, half/half.
The same amount of free space as programmed space,
with the same budget.
Twice as much space for daily life and a natural
relation to climate.
The winter garden is the space for freedom and
personalisation essential for the pleasure of inhabiting.
Free space lets inhabitants sidestep the rules.

Espacio programado Programmed space	Espacio libre Free space
112 m²	**61,5 m²** (55%)

free space 49

Casa M
Dordoña, Francia, 1997
Una casa en la campiña, en medio de un gran paisaje.

House M
Dordogne, France, 1997
A house in the countryside, in the middle of a great landscape.

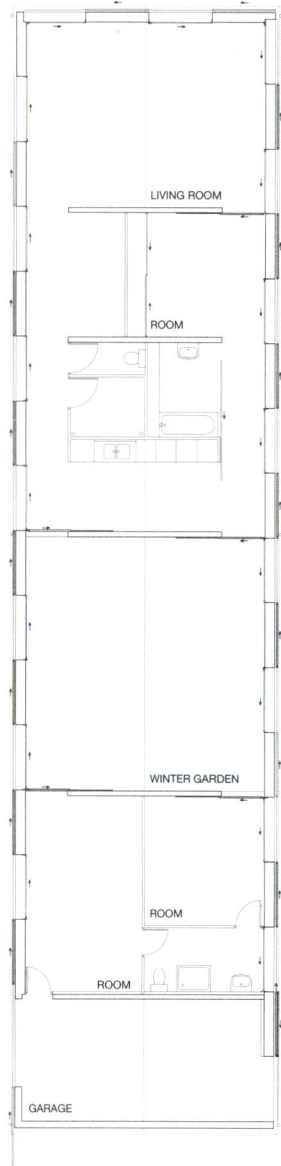

Planta baja
Ground floor

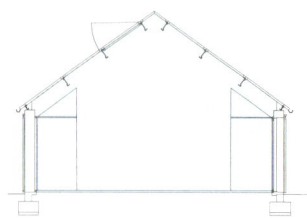

Sección transversal
Cross-section

Vistas circundantes sin límites.
El espacio libre es la percepción permanente de la lejanía desde el interior, protegidos por una envolvente continua, con aperturas regulares.
El invernadero central conecta los espacios interiores.

The surrounding views are limitless.
Free space is the ongoing perception of distance from the inside, protected by a continuous envelope, with regular openings.
The winter garden in the middle connects the interior spaces.

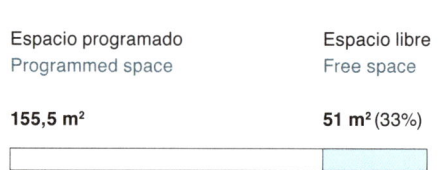

Espacio programado
Programmed space

155,5 m²

Espacio libre
Free space

51 m² (33%)

espacio libre

Casa F
Burdeos, Francia, 1999
En una antigua fábrica de galletas de 50 metros de longitud.

House F
Bordeaux, France, 1999
In a former biscuit factory of 50 metre long.

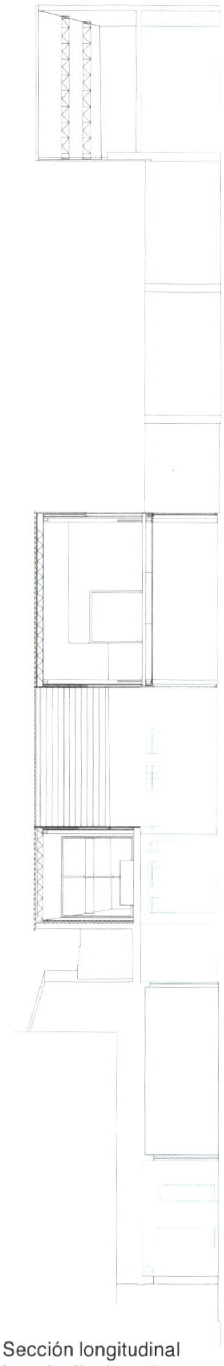

Sección longitudinal
Longitudinal section

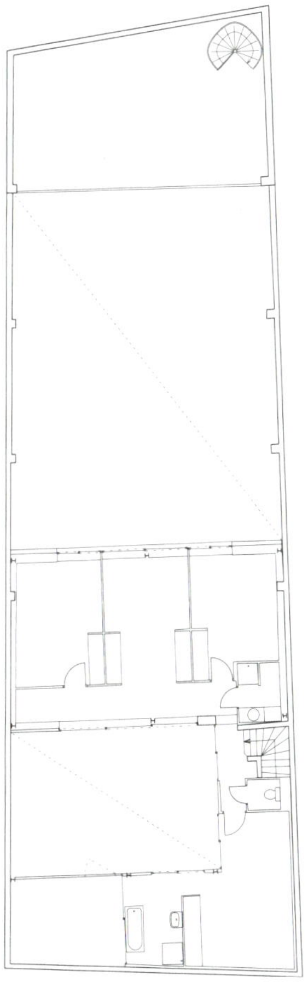

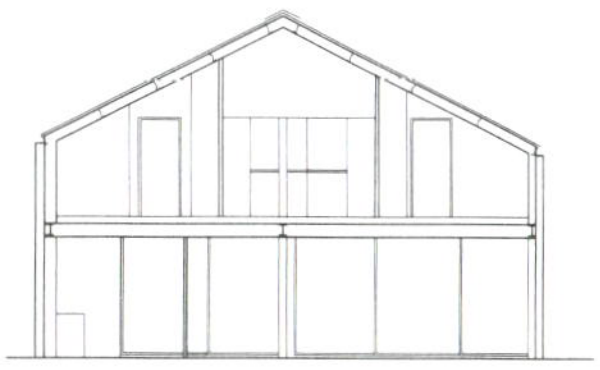

Sección transversal
Cross-section

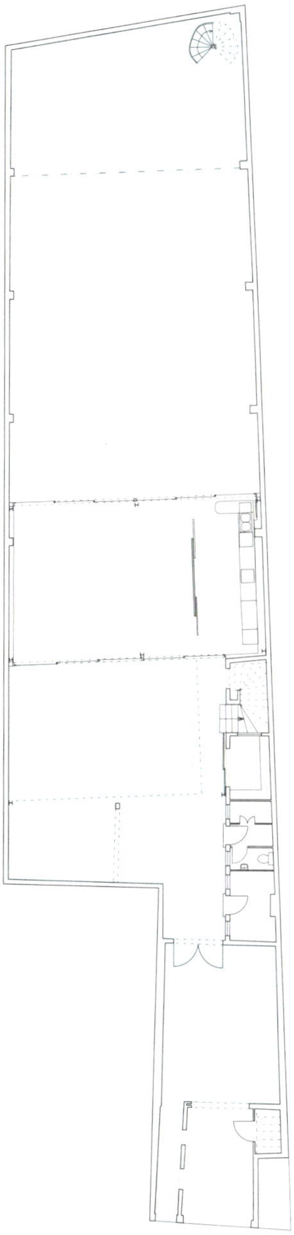

Planta primera
First floor

Planta baja
Ground floor

Libertad interior.
Dentro de la profundidad de 50 metros desde la calle hasta el límite del jardín, la casa crea secuencias de espacios libres abiertos al cielo, y espacios cerrados transparentes y protegidos.
La vista siempre se escapa más allá.

Interior freedom.
Within the depth of 50 metres, from the street to the end of the garden, the house creates sequences of open-air spaces, along with closed, transparent, protected spaces.
The view always flees into the beyond.

Espacio programado   Espacio libre
Programmed space   Free space

271 m²   **188 m² (69%)**

0 1   10 m

free space 51

Casa D
Lège-Cap-Ferret, Francia, 1998

En un solar junto al mar, sobre una duna con 40 pinos.

House D
Lège-Cap-Ferret, France, 1998

On a seaside plot, on a dune with 40 pine trees.

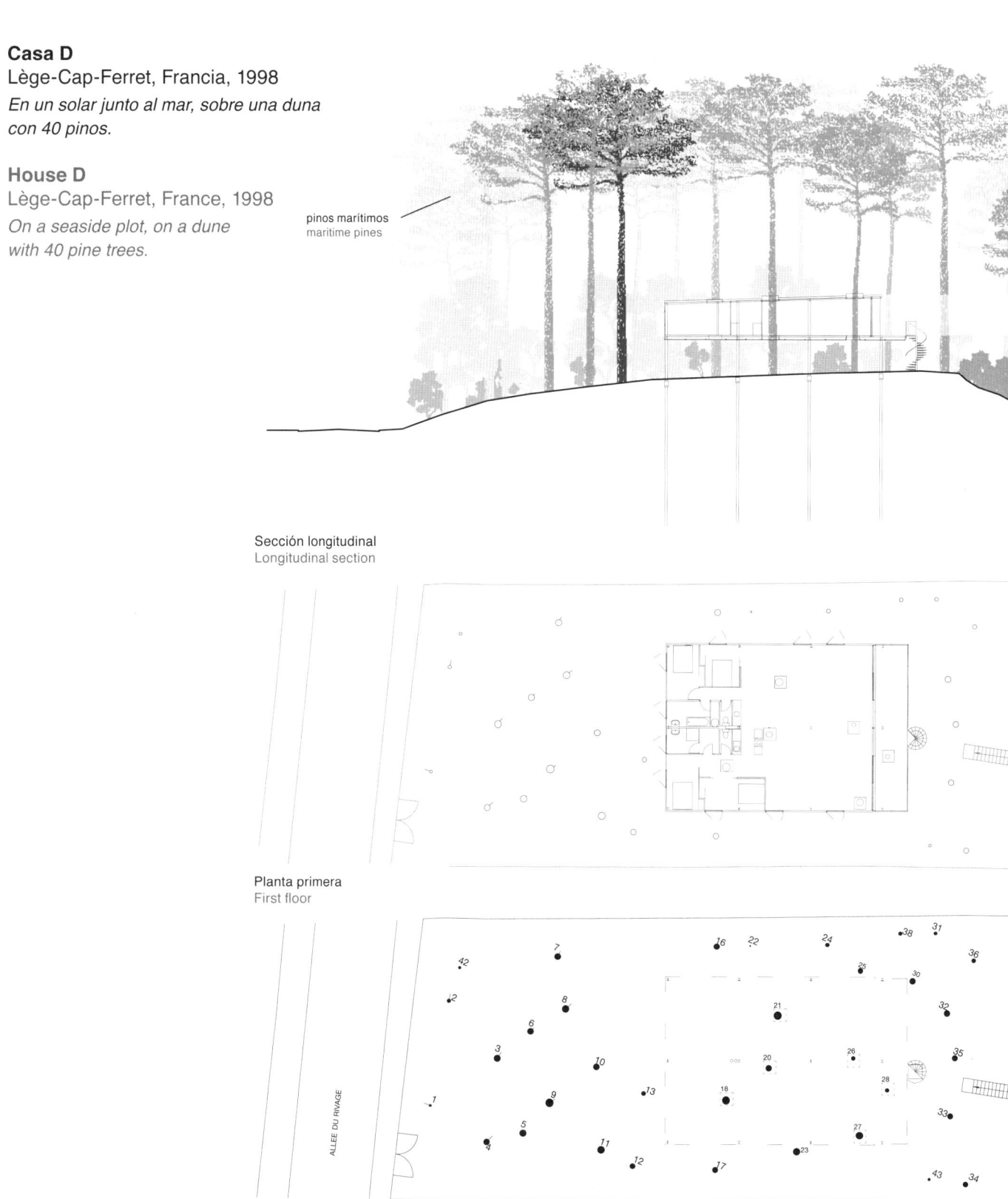

pinos marítimos
maritime pines

Sección longitudinal
Longitudinal section

Planta primera
First floor

Planta baja
Ground floor

Pilotis + terraza: horizonte.
Elevada cuatro metros del suelo, terreno libre, la casa se abre a las vistas del paisaje.
El espacio libre de la casa llega hasta donde llega la vista: la Isla de los Pájaros, al otro lado de la bahía de Arcachón, y el horizonte. Simplicidad: nada o casi nada.

espacio libre

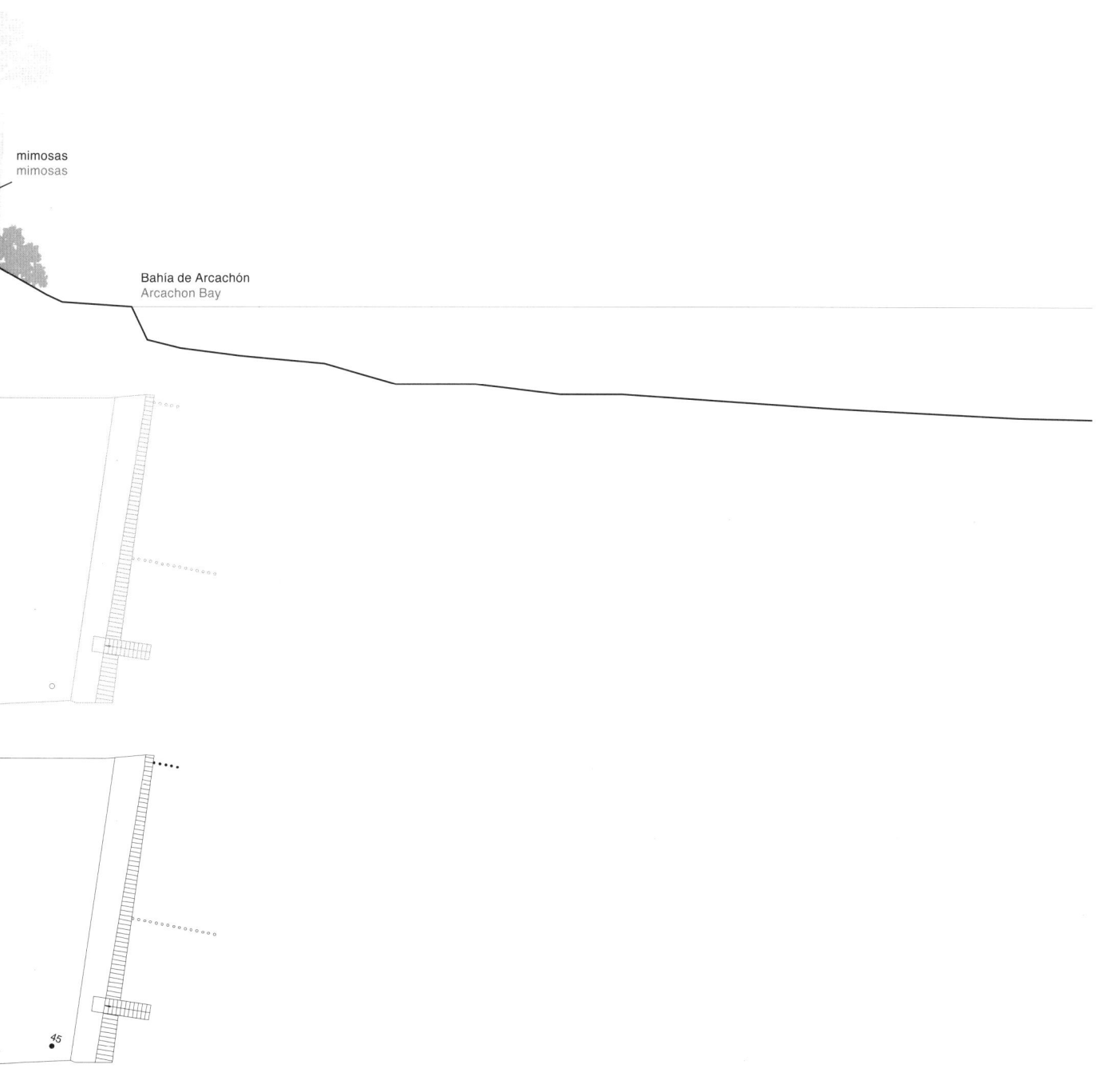

Pilotis + terrace: horizon.
Raised to four metres above the ground, free terrain, the house opens up to views of the landscape.
The house's free space goes as far as the eye can see: the Island of Birds, on the other side of Arcachon Bay, and the horizon. Simplicity: nothing or next-to-nothing.

Casa S
Coutras, Francia, 2000
Una casa con un presupuesto bajo en una zona agrícola plana.

House S
Coutras, France, 2000
A low-budget house in a flat agricultural area.

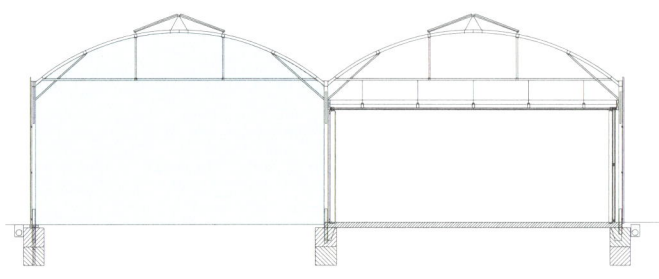

Sección transversal
Cross-section

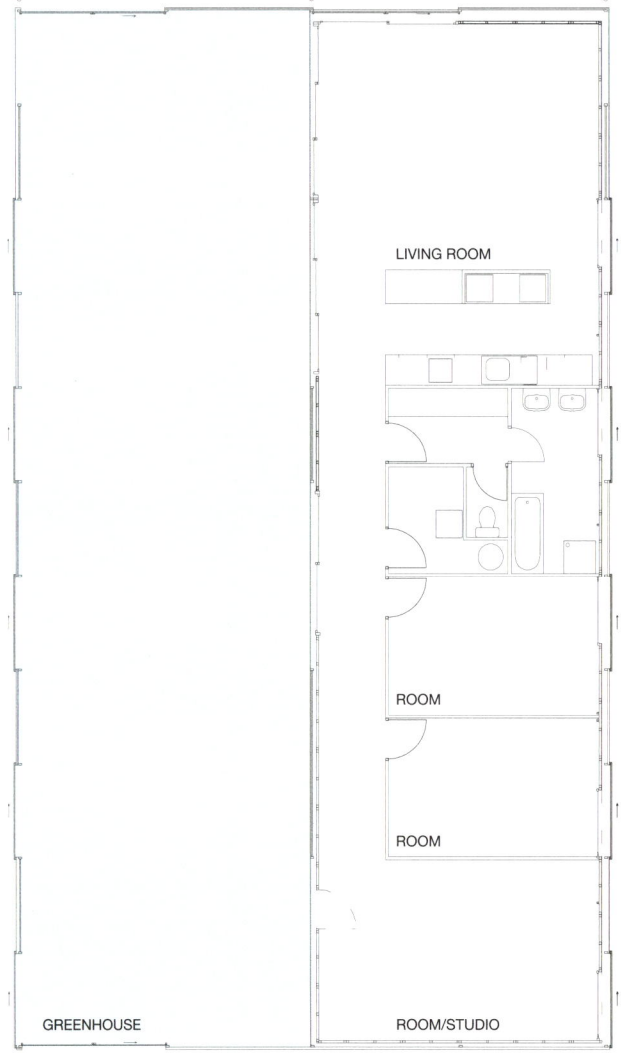

Planta baja
Ground floor

Doble, mitad/mitad.
Como la casa Latapie, el espacio es doble: un lado para vivir y el otro para trabajar, cultivar plantas, crecer… El doble de espacio sin gastar más.

Double, half/half.
Like the Latapie House, the space is double: one side for living, and the other for working, planting, growing... Twice the amount of space, at no extra cost.

Espacio programado	Espacio libre
Programmed space	Free space
137 m²	**144,5 m²** (145%)

0   1   5 m

54   **espacio libre**

Casa R
Keremma, Francia, 2005
*Detrás de una duna, en un pinar
a cien metros del mar.*

House R
Keremma, France, 2005
*Behind a dune, in a pine tree forest
a hundred metres from the sea.*

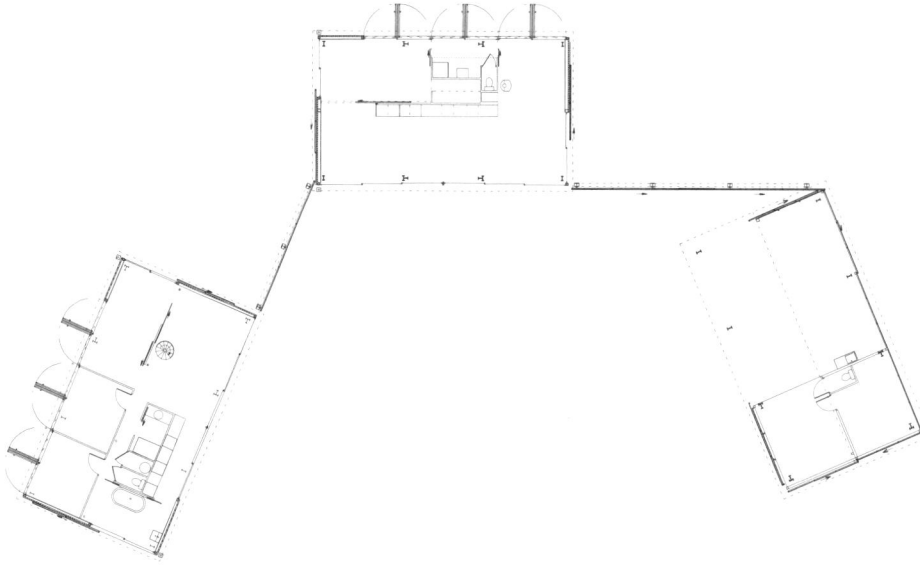

Planta baja con las puertas correderas abiertas
Ground floor with opened sliding doors

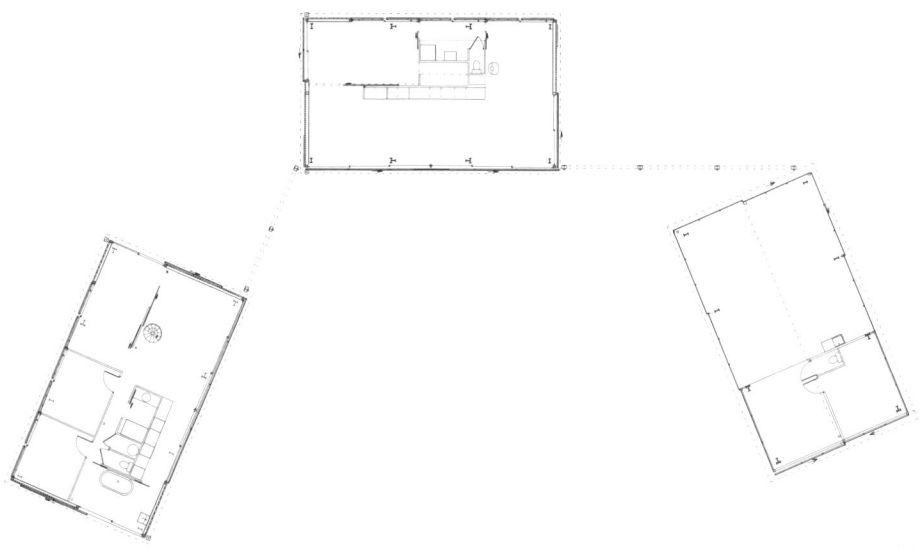

Planta baja con las puertas correderas cerradas
Ground floor with closed sliding doors

  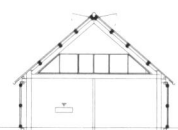

Secciones transversales
Cross-sections

Interior + exterior.
El espacio libre es el espacio exterior creado en el centro; cuando las fachadas de las tres casas están abiertas y conectadas, protegen el espacio libre del viento.
El espacio tiene sus ritmos, sus horarios, sus estaciones.

Inside + outside.
The free space is the outdoor space created in the centro; when the façades of the three houses are open and connected, they protect the free space from the wind.
The space has its own rhythm, its own times, its own seasons.

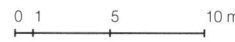

free space 55

Cité Manifeste
Mulhouse, Francia, 2005

14 viviendas de alquiler social (de 61) cercanas a la Cité Ouvrière de Mulhouse.

Cité Manifeste
Mulhouse, France, 2005

14 rental social housing units (out of 61) near the Cité Ouvrière in Mulhouse.

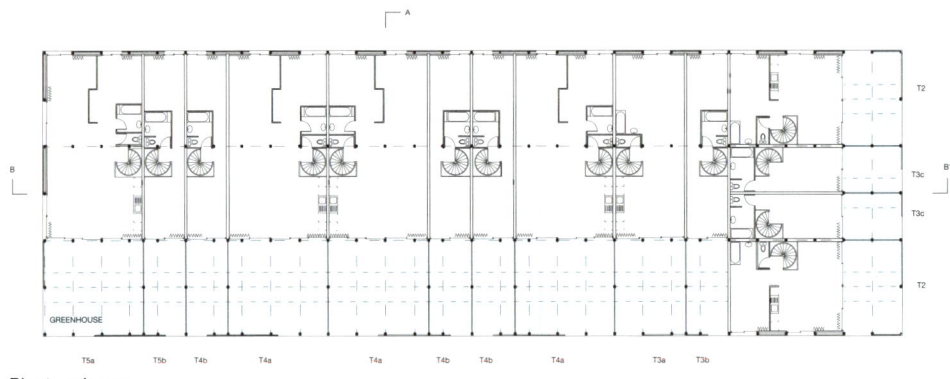

Planta primera
First floor

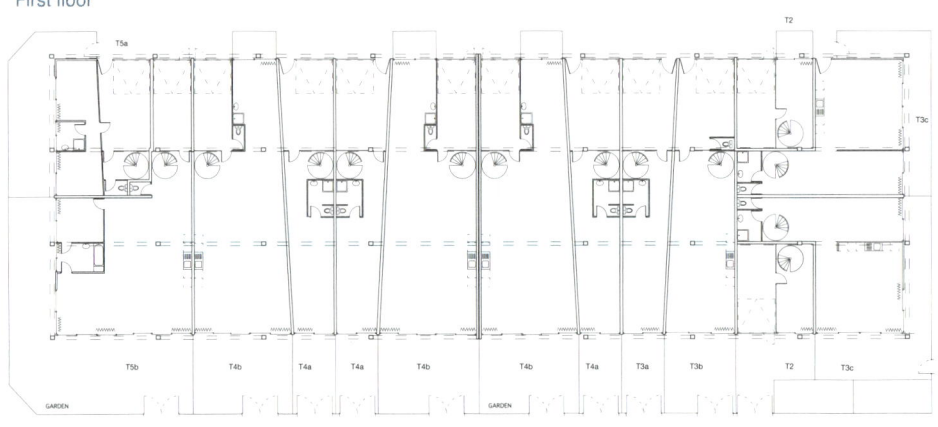

Planta baja
Ground floor

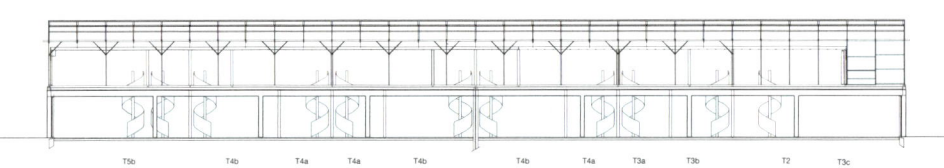

Sección BB'
Section BB'

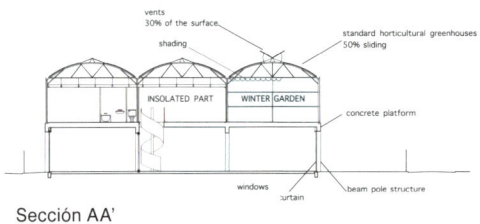

Sección AA'
Section AA'

Loft + invernadero.
Los apartamentos son el doble de grandes que uno estándar, como *lofts*, sin particiones, dúplex, con generosos invernaderos.

Loft + winter garden.
The apartments are twice as large as the standard. They are like lofts, without partitions, duplex, with spacious winter gardens.

Espacio programado Programmed space	Espacio libre Free space
2.271 m²	**611 m² (27%)**

56 **espacio libre**

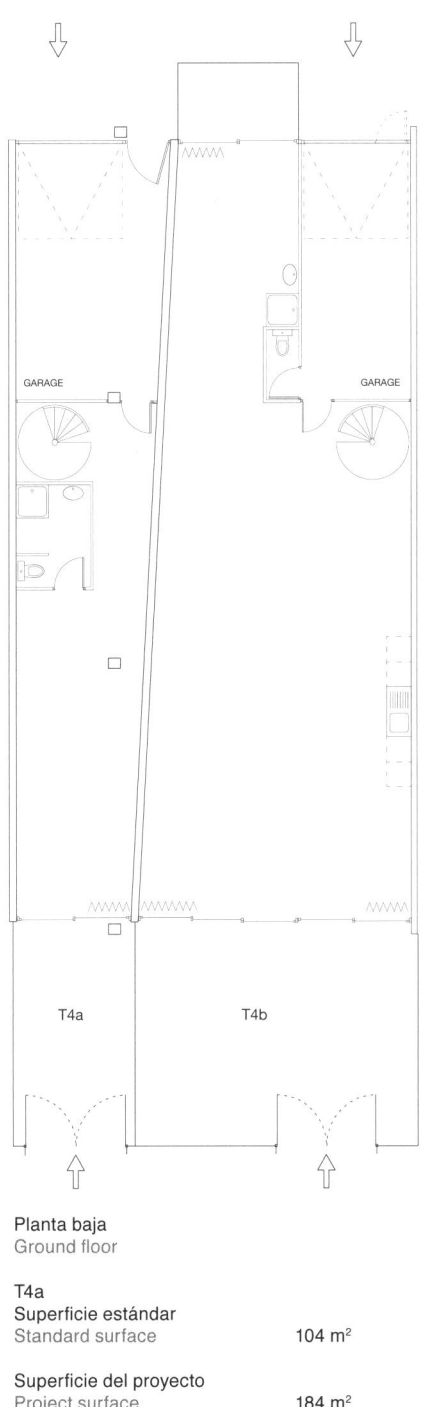
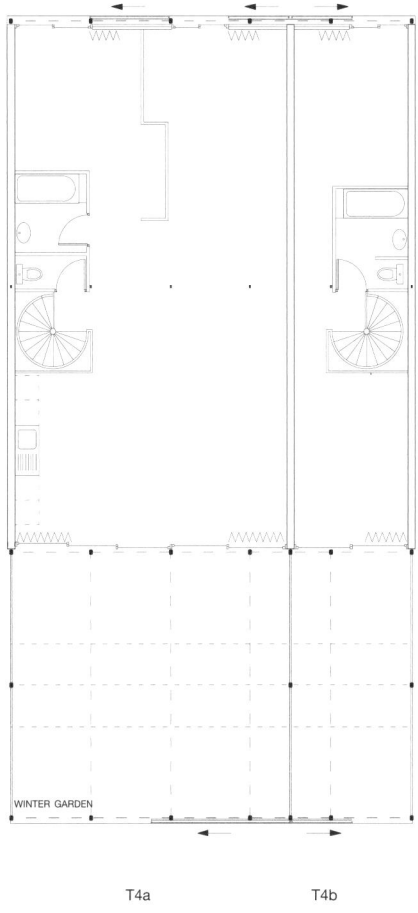

Planta baja
Ground floor

T4a
Superficie estándar
Standard surface   104 m²

Superficie del proyecto
Project surface   184 m²
(+80 m², 77%)

Planta primera
First floor

T4b
Superficie estándar
Standard surface   104 m²

Superficie del proyecto
Project surface   167 m²
(+63 m², 61%)

Libertad de movimientos, usos y apropiación del espacio.
Un apartamento como una villa.

The freedom of movement, usage, and making the space one's own.
An apartment like a villa.

free space

23 viviendas
Trignac, Francia, 2010

Viviendas de alquiler social en un barrio de casas unifamiliares estándar.

23 dwellings
Trignac, France, 2010

Rental social housing in a neighbourhood of standard single houses.

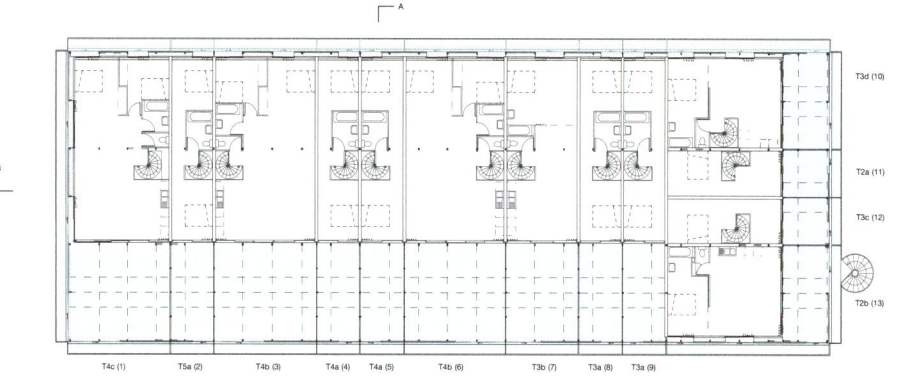

Planta primera
First floor

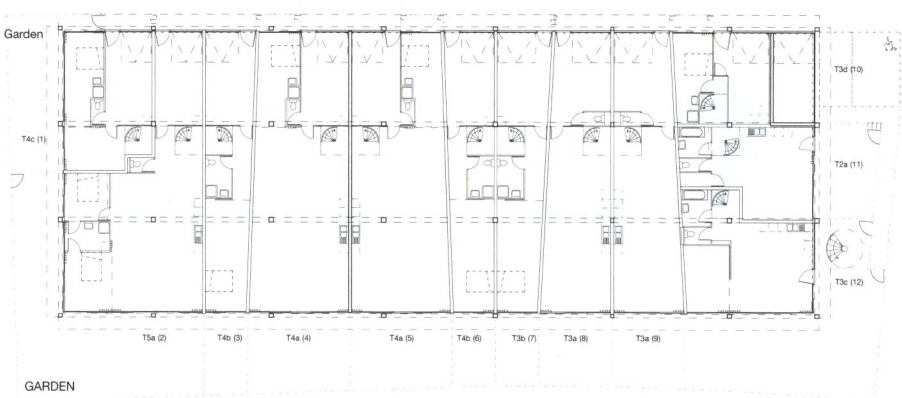

Planta baja
Ground floor

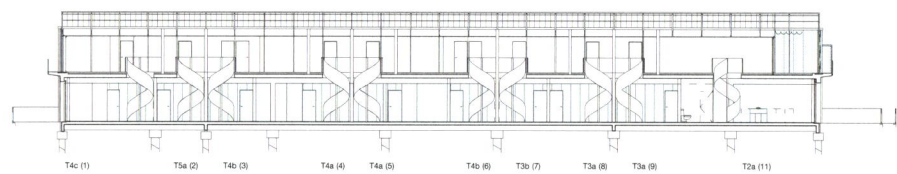

Sección BB'
Section BB'

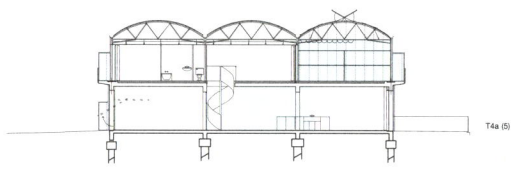

Sección AA'
Section AA'

Espacio programado / Programmed space	Espacio libre / Free space
1.394 m²	690 m² (33%)

Loft, invernadero + terraza + balcón.
El doble de espacio, como en la Cité Manifeste, y balcones.

Loft, winter garden + terrace + balcony.
Twice the amount of space, like at the Cité Manifeste, and balconies.

espacio libre

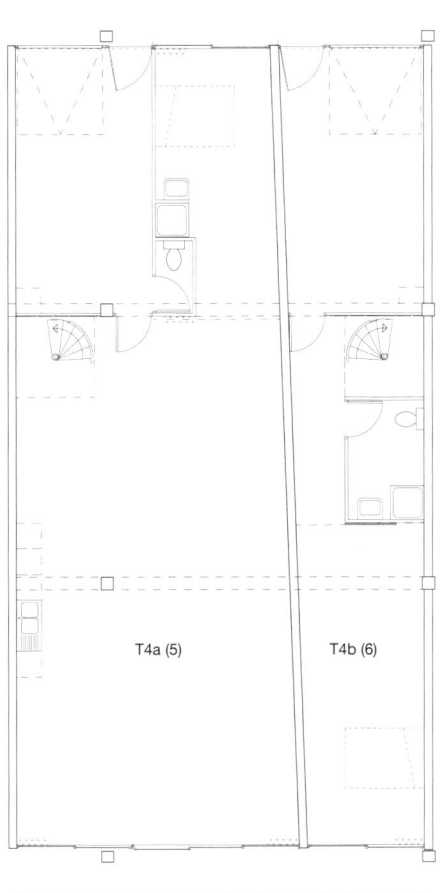
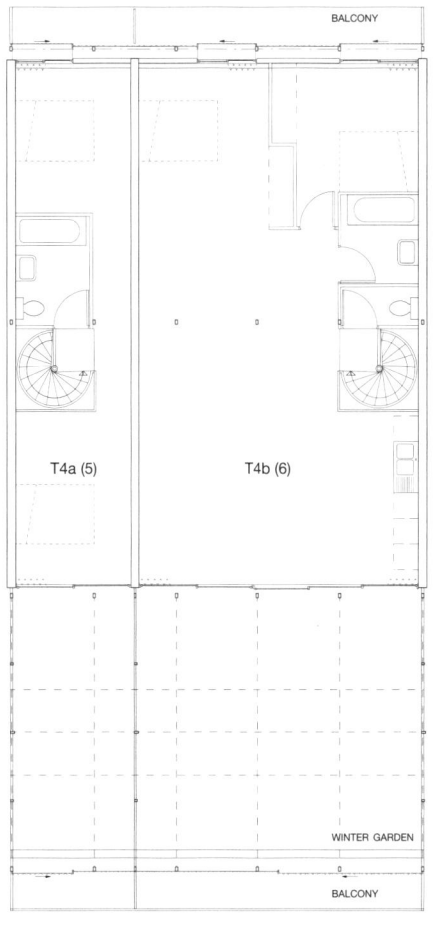

Planta baja
Ground floor

T4a
Superficie estándar
Standard surface   100 m²

Superficie del proyecto
Project surface   173 m²
                           (+73 m², 73%)

Planta primera
First floor

T4b
Superficie estándar
Standard surface   100 m²

Superficie del proyecto
Project surface   190 m²
                           (+90 m², 90%)

De nuevo, el mismo confort, la misma facilidad de apropiación del espacio por parte de los habitantes, el mismo gozo experimentado.

Again, the same comfort, the same ease of personalisation by the inhabitants, the same pleasure experienced.

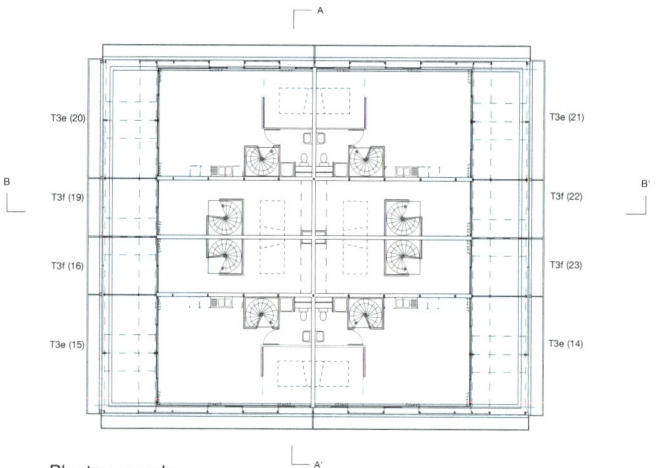

Planta segunda
Second floor

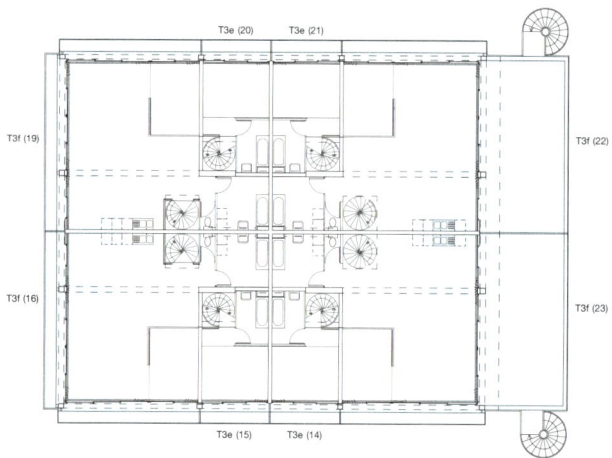

Planta primera
First floor

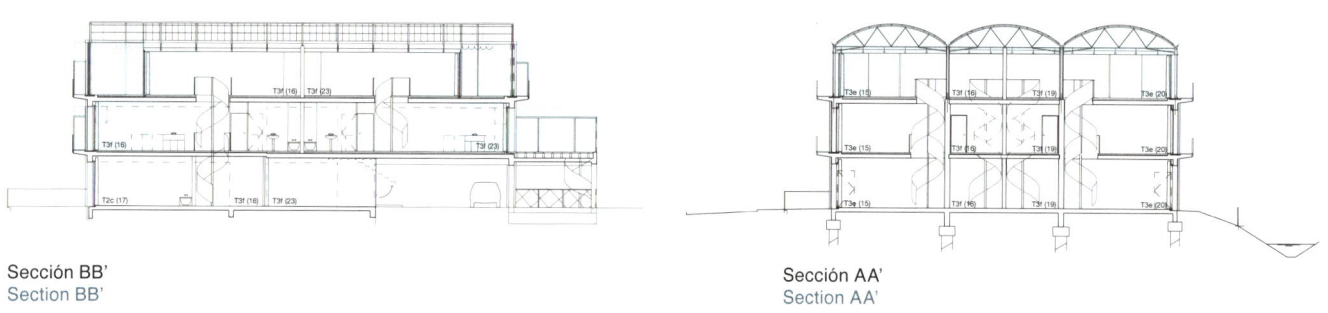

Sección BB'
Section BB'

Sección AA'
Section AA'

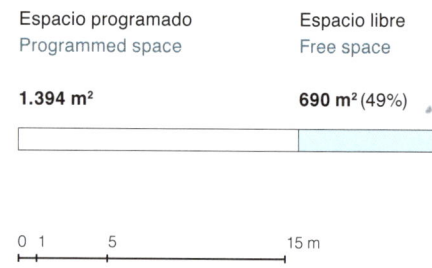

| Espacio programado | Espacio libre |
| Programmed space | Free space |

1.394 m² **690 m²** (49%)

0 1   5   15 m

60   **espacio libre**

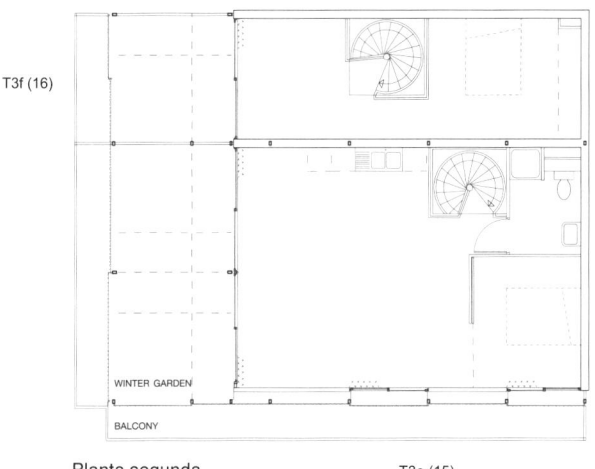

Planta segunda
Second floor

T3e (15)

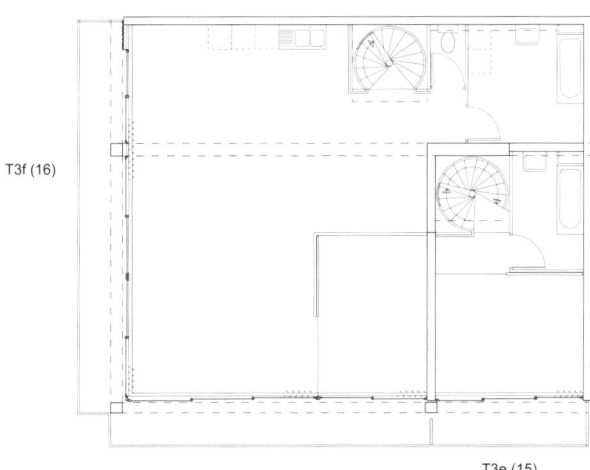

T3f (16)

T3e (15)

Planta primera
First floor

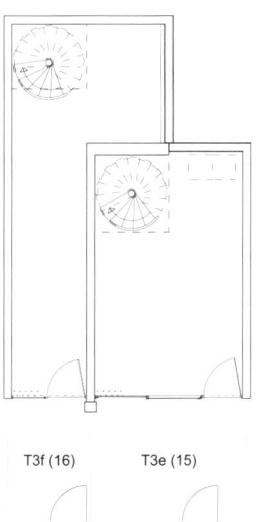

T3f (16)   T3e (15)

Planta baja
Ground floor

T3e
Superficie estándar
Standard surface   70 m²

Superficie del proyecto
Project surface   127 m²
                          (+57 m², 81%)

T3f
Superficie estándar
Standard surface   70 m²

Superficie del proyecto
Project surface   155 m²
                          (+85 m², 121%)

0   1   5 m

free space   61

53 viviendas
Saint-Nazaire, Francia, 2011

Entre un bloque de viviendas y unas casas unifamiliares de baja densidad.

53 dwellings
Saint-Nazaire, France, 2011

Between a collective housing block and low-density individual housing.

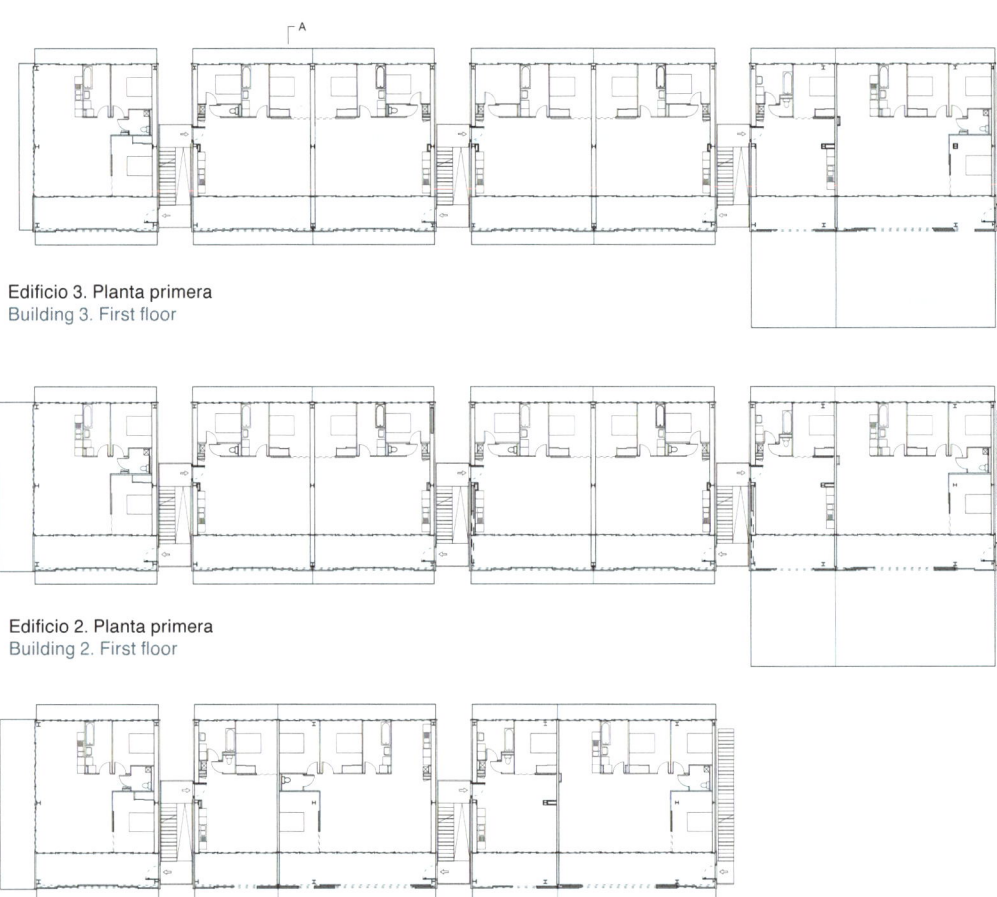

Edificio 3. Planta primera
Building 3. First floor

Edificio 2. Planta primera
Building 2. First floor

Edificio 1. Planta primera
Building 1. First floor

Edificio 3 / Building 3
Edificio 2 / Building 2
Edificio 1 / Building 1

Secciones transversales
Cross-sections

Aspecto espacial doble, invernadero + balcón.
El invernadero al sur amplía la sala de estar y cambia radicalmente la manera de vivir.

Double spatial aspect, winter garden + balcony.
The winter garden in the south enlarges the living room and radically changes the way of living.

Espacio programado / Programmed space	Espacio libre / Free space
6.013 m²	2.224 m² (45%)

0 1 5 15 m

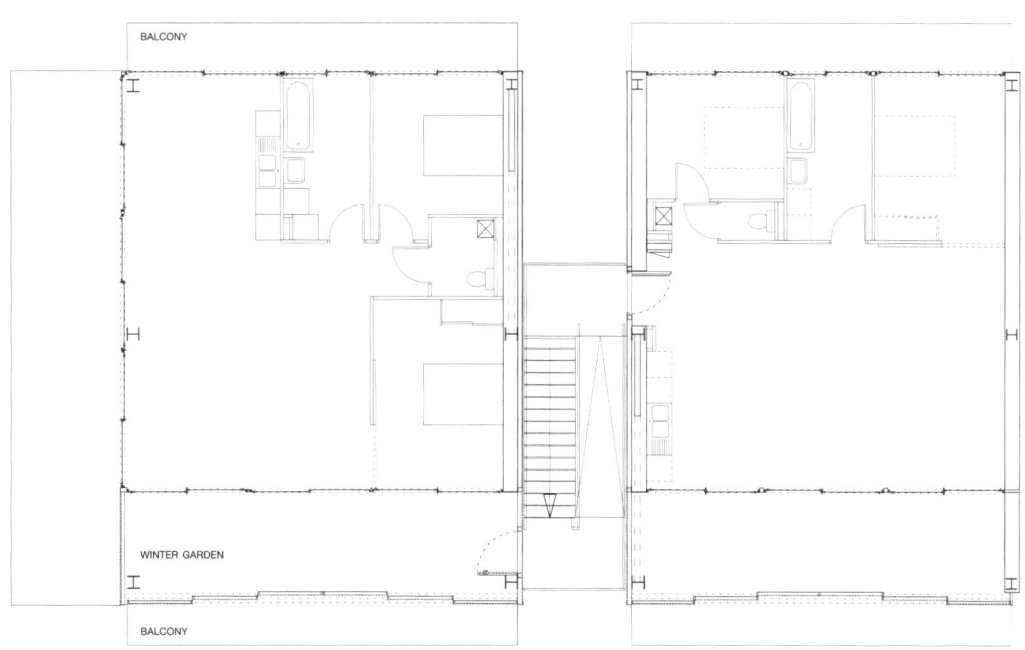

Vivienda T3 en esquina
Apartment T3 angle

T3
Superficie estándar
Standard surface   70 m²

Superficie del proyecto
Project surface   153 m²
    (+83 m², 118%)

Apartamento T3
Apartment T3

T3
Superficie estándar
Standard surface   70 m²

Superficie del proyecto
Project surface   120 m²
    (+50 m², 71%)

Edificio 2. Planta primera
Building 2. First floor

El aspecto doble, siempre extendido al exterior mediante el invernadero y los balcones, otorga al apartamento las cualidades de una casa dentro de un conjunto más denso.

The double aspect, always extended outwards by means of the winter garden and balconies, gives the apartments all the qualities of a house, within a denser complex.

59 viviendas, jardines Neppert
Mulhouse, Francia, 2014-2015
Viviendas de alquiler social con la calidad de una casa unifamiliar en un barrio denso.

59 dwellings, Neppert Gardens
Mulhouse, France, 2014-2015
Rental social housing with the qualities of an individual house in a dense neighbourhood.

Planta segunda
Second floor

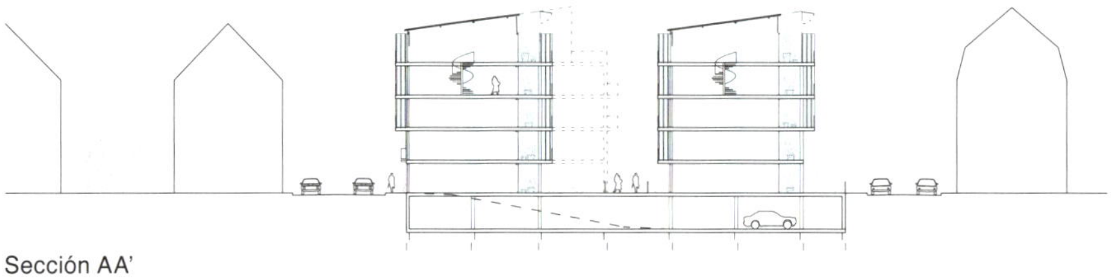

Sección AA'
Section AA'

Espacio, invernadero + balcón.
La voluntad común entre los clientes y nosotros es la misma que en la Cité Manifeste: viviendas más grandes y luminosas con el mismo presupuesto de construcción y una renta estándar.

Space, winter garden + balcony.
The aim, both ours and that of the clients, is the same as in the Cité Manifeste: larger, brighter apartments, with the same building budget, and standardised rent.

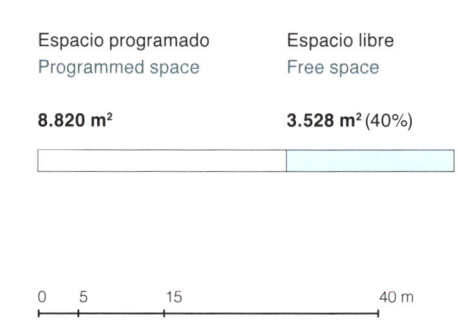

Espacio programado	Espacio libre
Programmed space	Free space
8.820 m²	3.528 m² (40%)

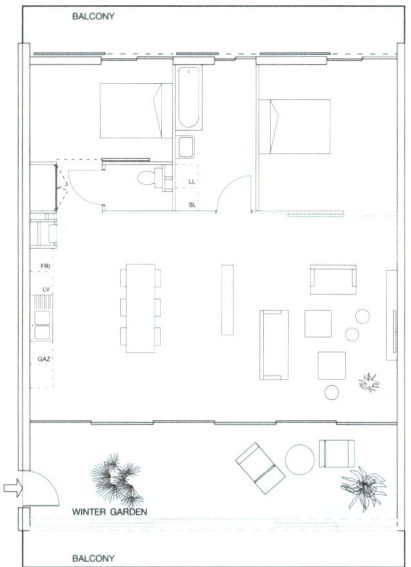

Vivienda T3
Apartment T3

Superficie estándar
Standard surface   70 m²

Superficie del proyecto
Project surface   144 m²
(+74 m², 105%)

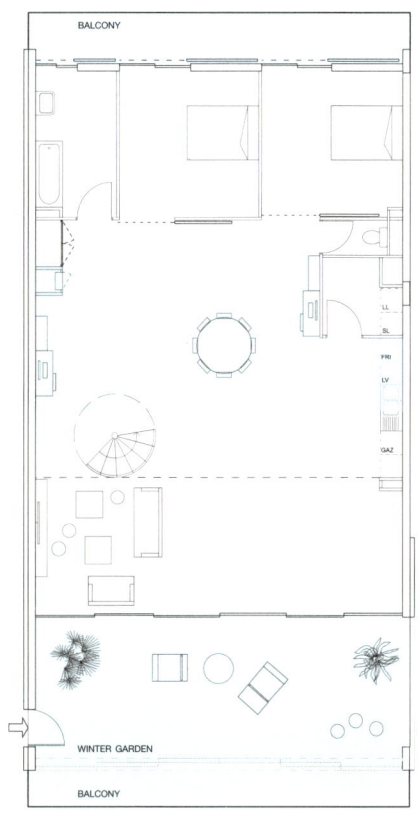

Dúplex T5. Primer nivel
T5 duplex. First level

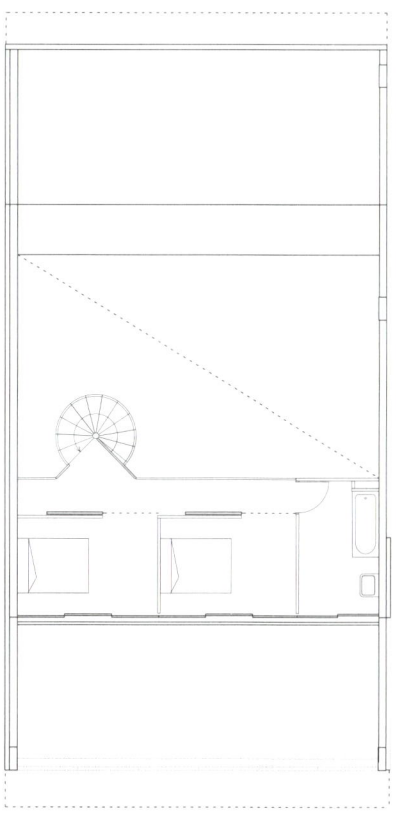

Dúplex T5. Segundo nivel
T5 duplex. Second level

Superficie estándar
Standard surface   125 m²

Superficie del proyecto
Project surface   223 m²
(+98 m², 78%)

La superposición no entorpece nada, como tampoco lo hace la densidad.
La superficie de las viviendas se duplica, las tipologías se multiplican.

The superimposition doesn't hinder anything, nor does the density.
The apartments' surface is doubled, the typologies multiplied.

96 viviendas
Chalon-sur-Saône, Francia, 2016

Viviendas de alquiler con la calidad de una casa unifamiliar cercanas a una gran urbanización de viviendas de la década de 1960.

96 dwellings
Chalon-sur-Saône, France, 2016

Rental collective housing with the qualities of an individual house, in continuation of a large 1960s housing development.

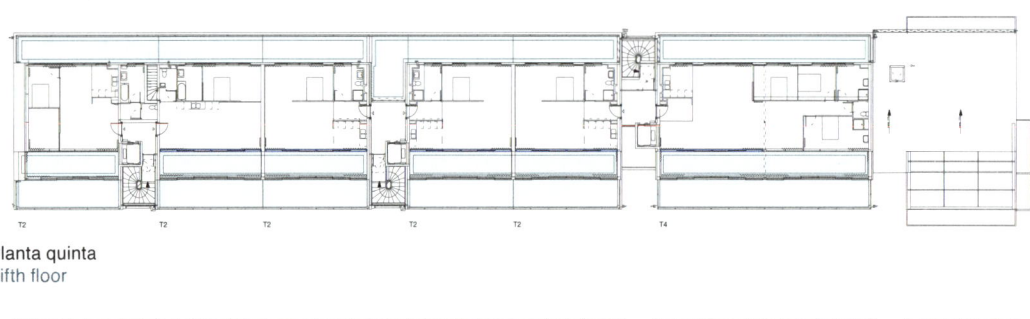

Planta quinta
Fifth floor

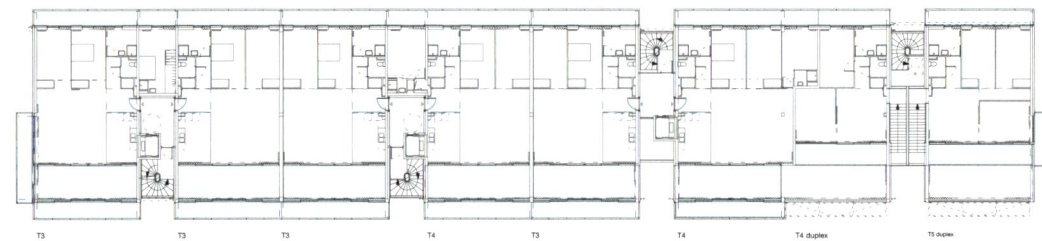

Planta cuarta
Fourth floor

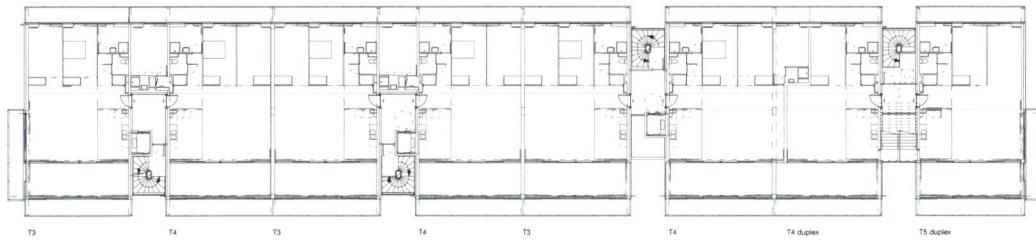

Planta tercera
Third floor

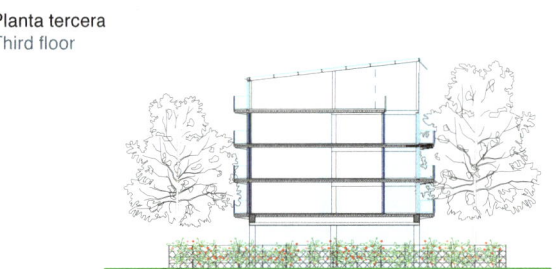

Sección BB'
Section BB'

Sección AA'
Section AA'

Pilotis, invernadero + balcón, transparencia.
Un terreno inundable; la primera planta habitable se eleva 4,5 metros para liberar el terreno. El espacio bajo y alrededor de los *pilotis* puede utilizarse como jardín, que está atravesado por senderos.

Pilotis, winter garden + balcony, transparency.
A floodable terrain; the first floor is raised 4.5 metres, to free up the ground space.
The space under and around the pilotis can be used as a garden, crossed with paths.

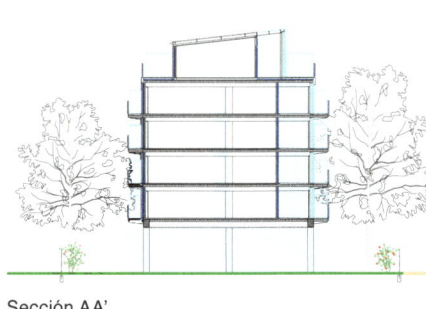

Espacio programado
Programmed space

Espacio libre
Free space

14.725 m²

6.037 m² (41%)

0 1   5   10 m

66 espacio libre

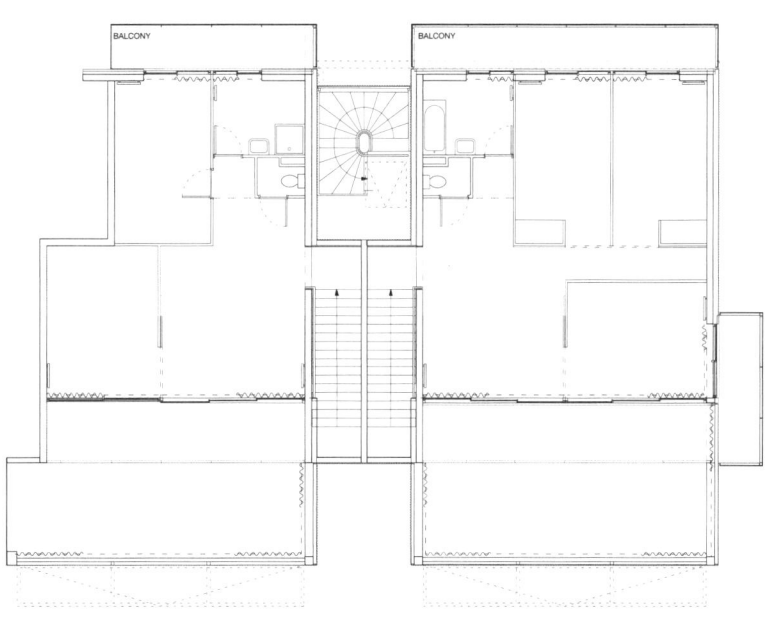

Dúplex T5
T5 duplex

Planta cuarta
Fourth floor

Dúplex T4
T4 duplex

Superficie estándar
Standard surface 90 m²

Superficie del proyecto
Project surface 197 m²
(+107 m², 54%)

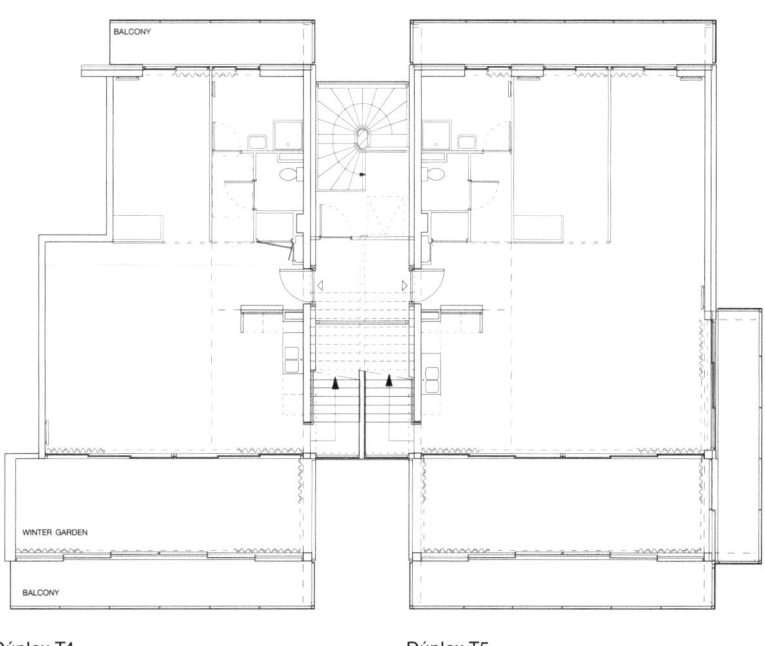

Dúplex T4
T4 duplex

Planta tercera
Third floor

Dúplex T5
T5 duplex

Superficie estándar
Standard surface 125 m²

Superficie del proyecto
Project surface 256 m²
(+131 m², 52%)

El espacio libre a veces es ambiguo: vidrio, vegetación, jardín, vistas.

The free space is sometimes ambiguous: glass, plant life, garden, views.

Torre Bois-le-Prêtre, 100 viviendas
París, Francia, 2011

Transformación de un edificio habitado de viviendas en altura en la circunvalación de París.

Bois-le-Prêtre Tower, 100 dwellings
Paris, France, 2011

Transformation of a fully occupied high-rise apartment building, by the Paris ring road.

Proyecto
Project

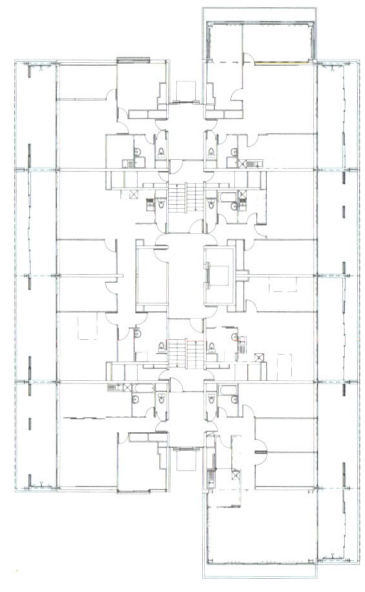

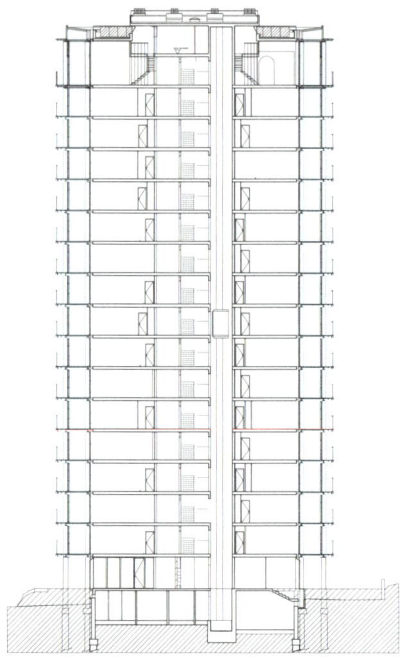

Planta tipo
Typical floorplan

Sección
Section

Edificio existente
Existing building

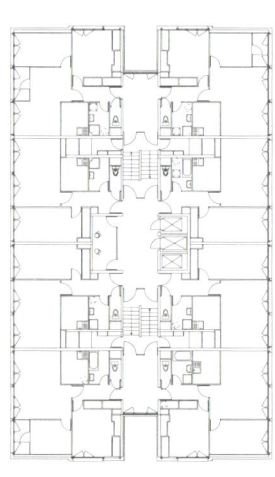

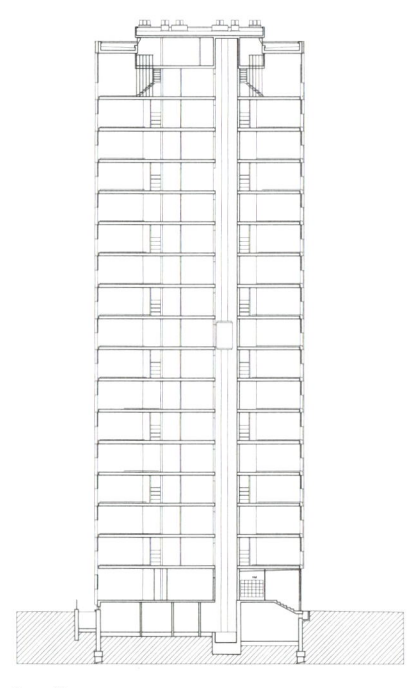

Planta tipo
Typical floorplan

Sección
Section

0 5 10 15 m

0 5 10 20 m

Transformación, galería + balcón.
Más espacio, luz y aire para todas las viviendas. Producir lujo para todo el mundo, transformar un apartamento en una villa, en todas las plantas, en la ciudad.

Transformation, winter garden + balcony.
More space, light and air for all apartments. Making luxury spaces for everyone, turning an apartment into a villa, on each floor, in the city.

Existente	Espacio extra
Existing	Extra space
8.900 m²	3.560 m² (40%)

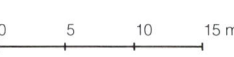 

Proyecto
Project

Sección
Section

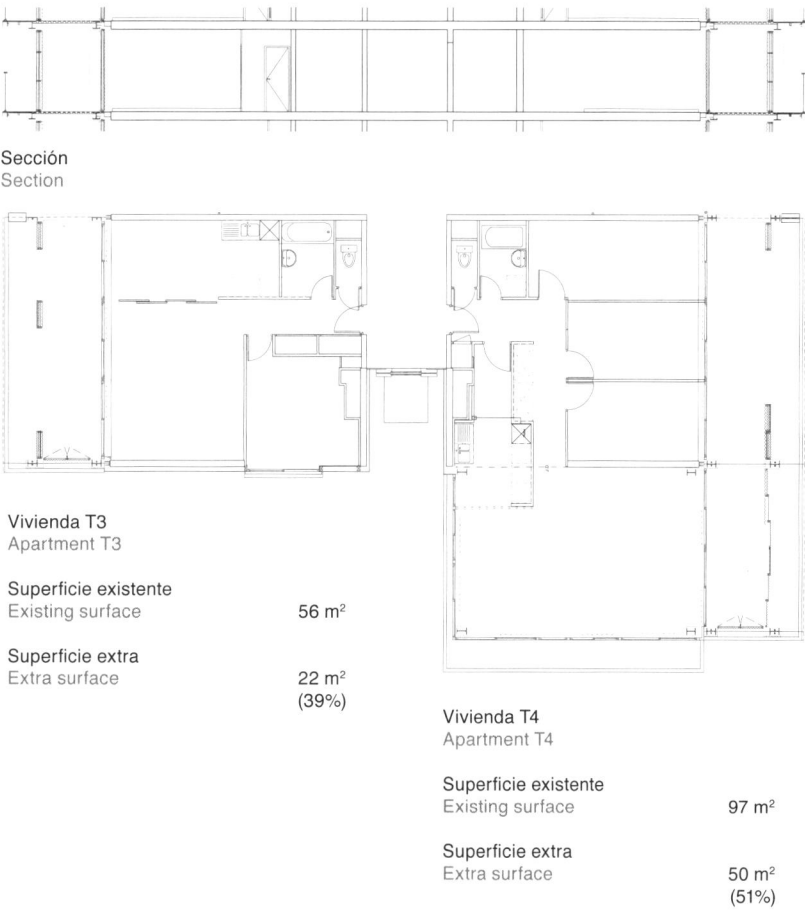

Vivienda T3
Apartment T3

Superficie existente
Existing surface   56 m²

Superficie extra
Extra surface   22 m²
(39%)

Vivienda T4
Apartment T4

Superficie existente
Existing surface   97 m²

Superficie extra
Extra surface   50 m²
(51%)

Edificio existente
Existing building

Vivienda T3
Apartment T3

Vivienda T5
Apartment T5

Las ventanas se convierten en puertas y ofrecen la posibilidad de girar alrededor de ellas, entrar, tomar el pasillo, entrar a la habitación, salir por la galería o el balcón, y volver a entrar por la sala de estar o la cocina.
Movilidad, libertad.
La galería, el espacio de apropiación, resulta mucho mejor que un simple aislamiento.

The windows become doors, allowing inhabitants to walk around them, go in, take the corridor, enter the bedroom, exit via the winter garden or balcony, re-enter via the living room or kitchen.
Mobility, freedom.
The winter garden, to be used however the inhabitants see fit, is far better than simple insulation.

free space

La Chesnaie, 80 viviendas
Saint-Nazare, Francia, 2014-2016

40 viviendas existentes transformadas + 40 nuevas viviendas que densifican un bloque de viviendas en un barrio de la década de 1960.

La Chesnaie, 80 dwellings
Saint-Nazare, France, 2014-2016

40 existing dwellings transformed + 40 new dwellings added to densify a housing block in a 1960s neighbourhood.

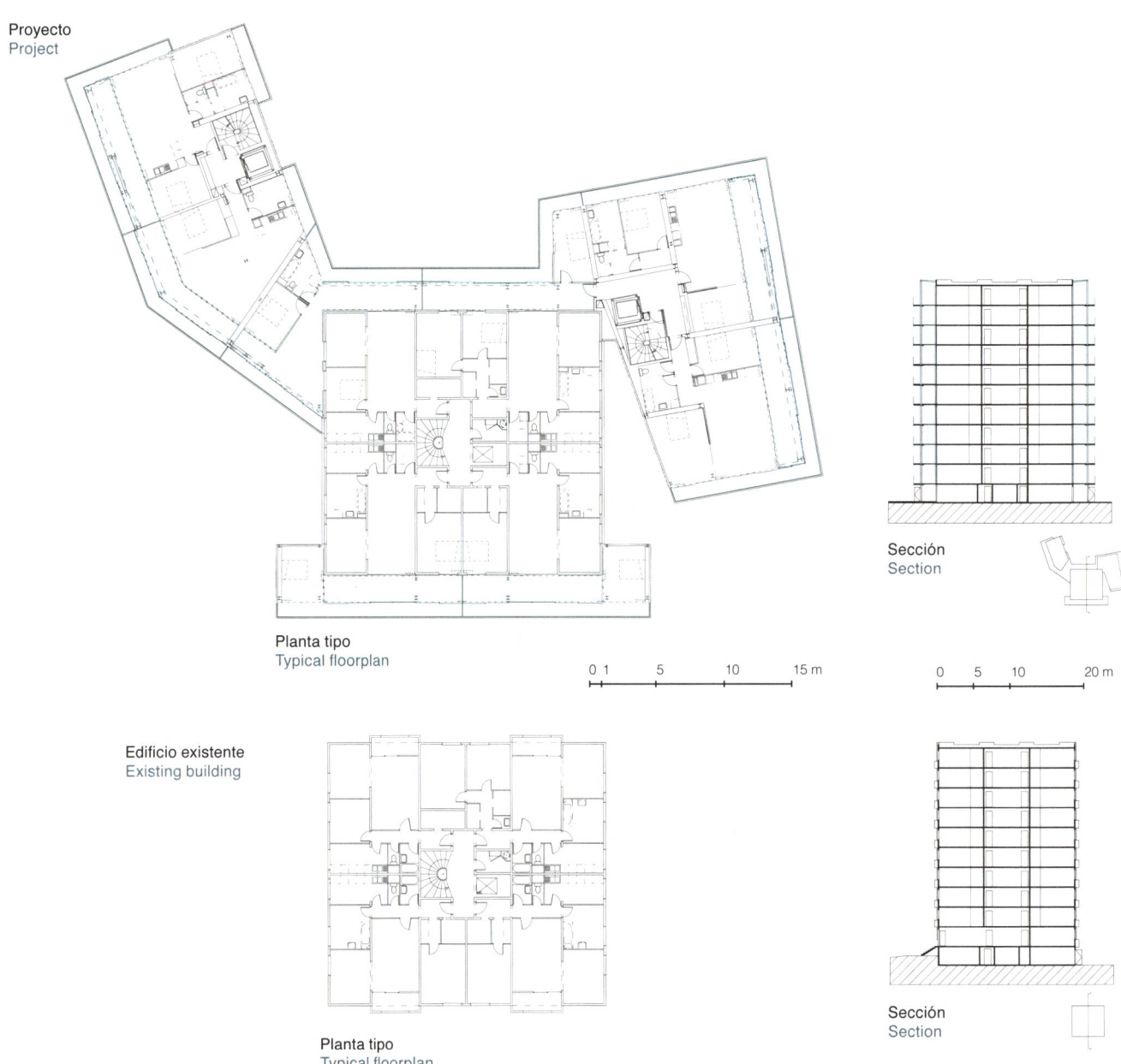

Proyecto
Project

Planta tipo
Typical floorplan

Sección
Section

Edificio existente
Existing building

Planta tipo
Typical floorplan

Sección
Section

Transformación, galería + balcón.
Más espacio, luz y aire para todas las viviendas.
Densificación de un terreno sin uso.

Transformation, winter garden + balcony.
More space, light and air for all the apartments.
Densification of an unused terrain.

Programado existente / Existing programmed	Espacio extra / Extra space
3.960 m²	2.480 m² (62%)

Nuevo programado / New programmed	Espacio extra / Extra space
3.860 m²	1.780 m² (46%)

espacio libre

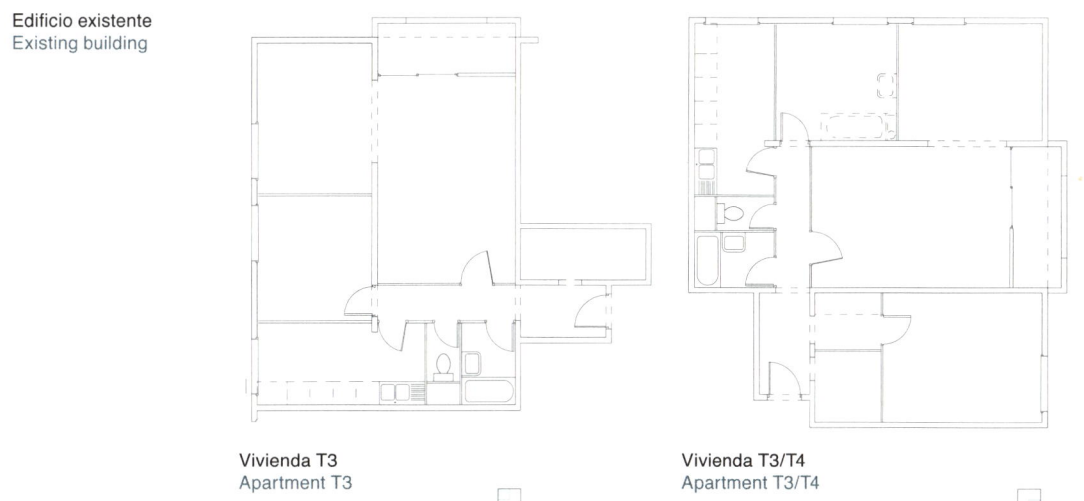

Proyecto
Project

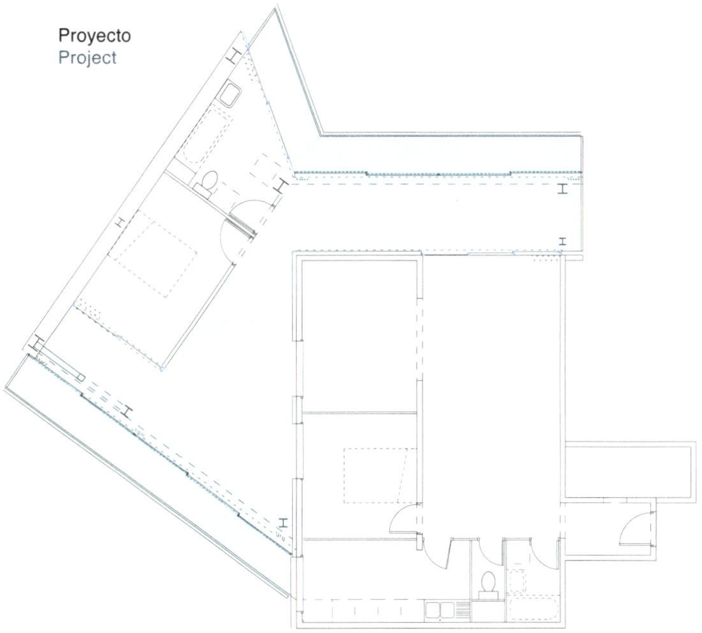

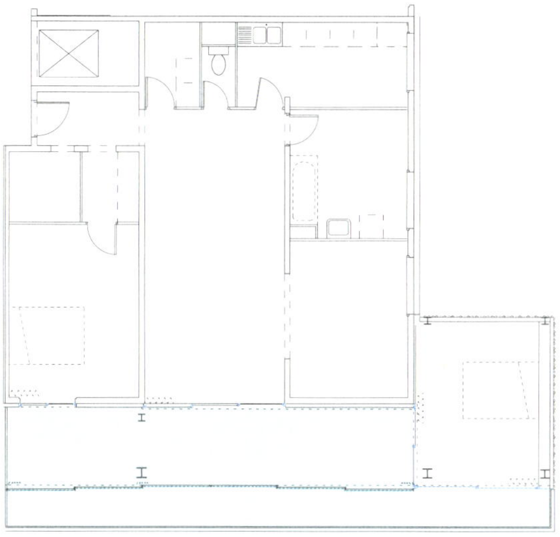

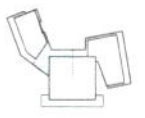

Vivienda T3/4
Apartment T3/4

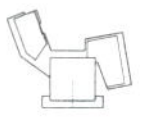

Superficie existente	
Existing surface	83 m²
Superficie extra	60 m²
Extra surface	(73%)

Vivienda T4
Apartment T4

Superficie existente	
Existing surface	92 m²
Superficie extra	34 m²
Extra surface	(37%)

Edificio existente
Existing building

Vivienda T3
Apartment T3

Vivienda T3/T4
Apartment T3/T4

La densificación solo es confortable y algo positivo cuando está acompañada de un aumento de superficie para cada vivienda.
La densificación, el espacio libre y la proximidad se convierten en condiciones de mejora del confort y del goce del habitar.

Densification is only comfortable and worthwhile when there is a corresponding increase in surface area for each apartment.
Densification, free space and proximity are factors that offer greater comfort, creating a more pleasurable living space.

free space

Cité du Grand Parc, 530 viviendas
Burdeos, Francia, 2016
Tres edificios habitados de vivienda social transformados y ampliados en un barrio de la década de 1960 cerca del centro de la ciudad.

Cité du Grand Parc, 530 dwellings
Bordeaux, France, 2016
Three fully-occupied housing buildings, transformed and extended, in a 1960s neighbourhood close to the city centre.

Proyecto
Project

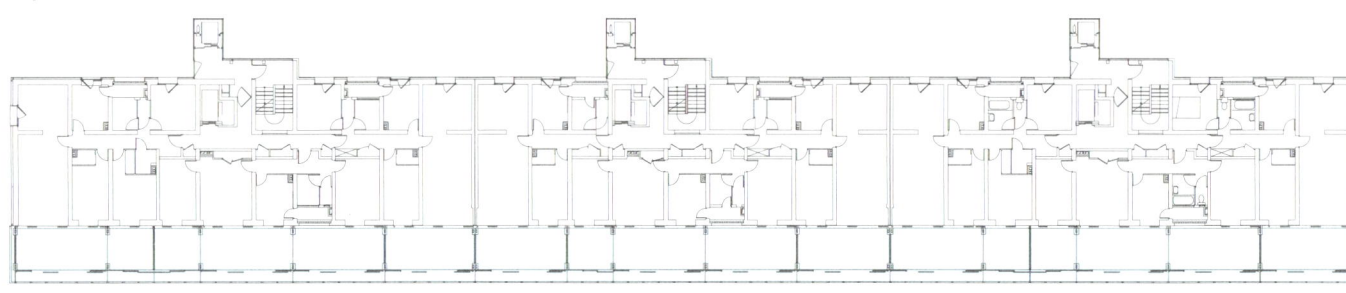

Planta tipo
Typical floorplan

Edificio existente
Existing building

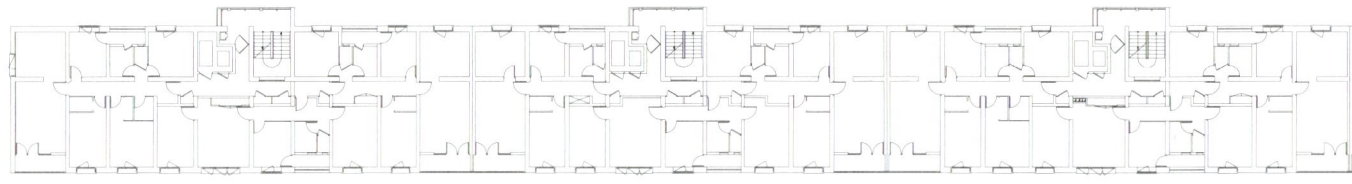

Planta tipo
Typical floorplan

Al igual que en Bois-le-Prêtre: transformación,
galería + balcón.
Más espacio, luz y aire para todas las viviendas.
Además, casas con jardines.
Cuatro metros añadidos a todo lo largo de las fachadas
para las galerías: la libertad de recibir huéspedes
y aprovechar las condiciones climáticas.

Like at the Bois-le-Prêtre: transformation,
winter garden + balcony.
More space, light and air for all the apartments.
In addition, houses with gardens.
Four metres added along the façade, to accommodate the
winter gardens: the freedom to invite over guests, and enjoy
the pleasant climate.

Existente	Espacio extra
Existing	Extra space
68.000 m²	38.400 m² (56%)

espacio libre

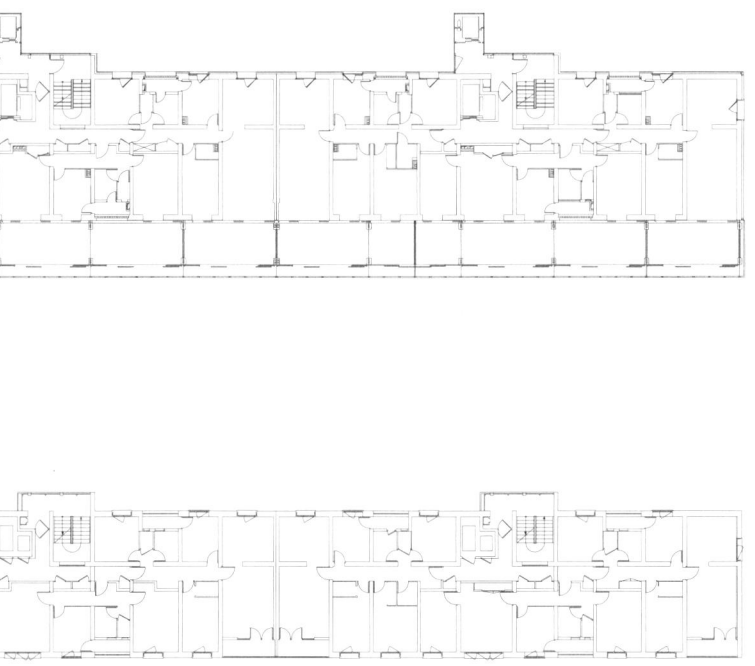

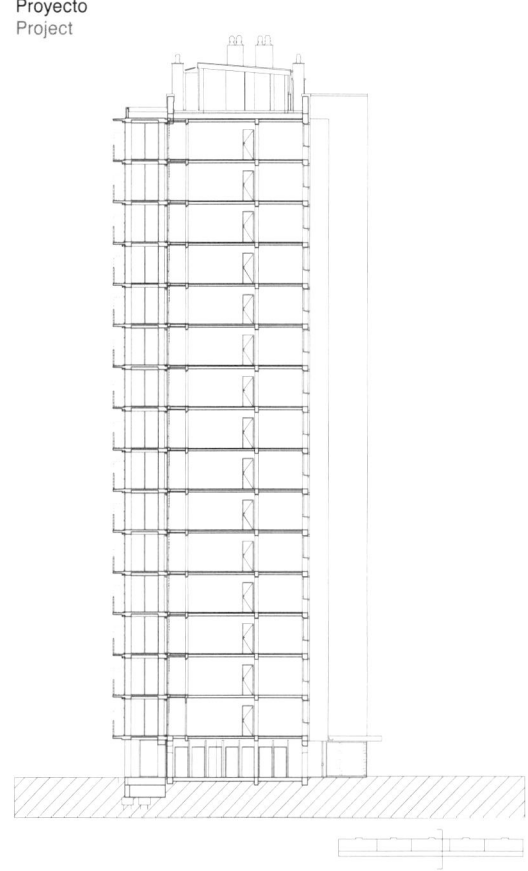

Proyecto
Project

Sección transversal
Cross-section

0 1   5   10 m

free space   73

Palais de Tokyo
París, Francia, 2002 y 2012

Un centro de creación artística contemporánea en un antiguo museo de arte vacío, abandonado, a medio hacer tras unas reformas, en el centro de París.

Palais de Tokyo
Paris, France, 2002 and 2012

A contemporary art creation centre, built inside an empty museum which was abandoned part-way through renovations, right in the centre of Paris.

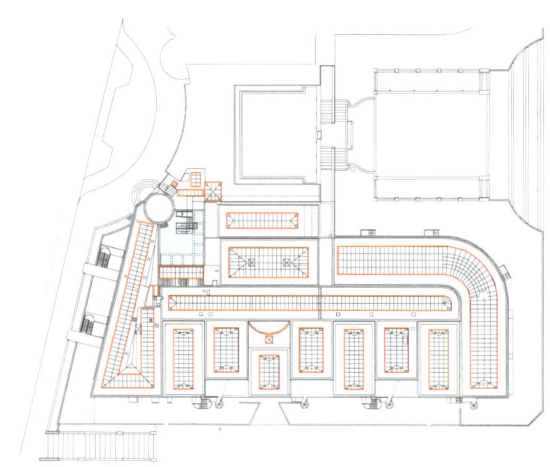

Azotea
Roof

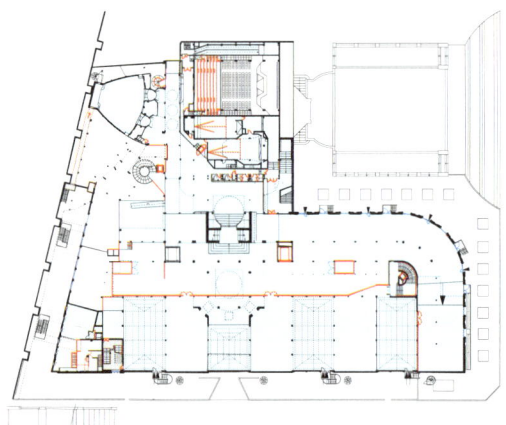

Planta primera
First floor

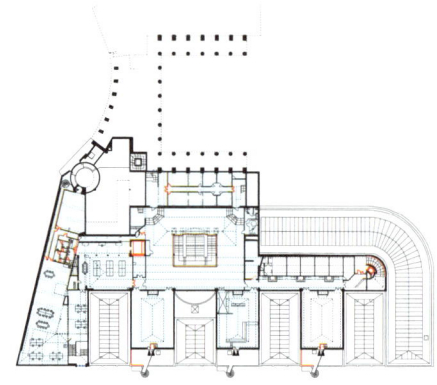

Planta tercera
Third floor

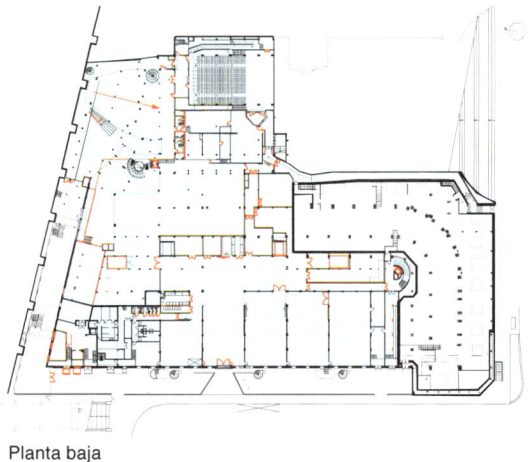

Planta baja
Ground floor

Altillo
Mezzanine

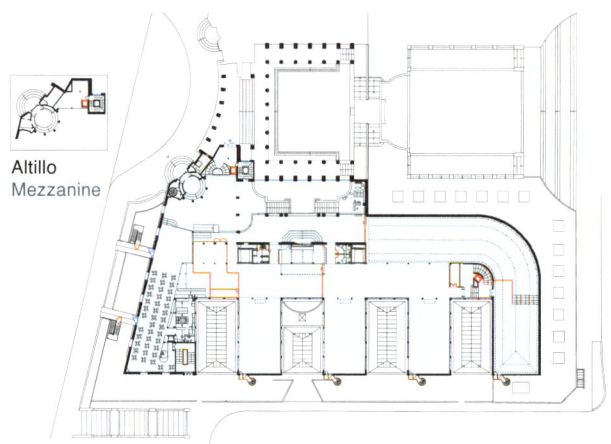

Planta segunda
Second floor

Paisaje interior.
El espacio libre está en todas partes.
Las plantas se dejan libres, de abajo arriba, de derecha a izquierda, de norte a sur, atravesadas por visuales para ofrecer el máximo de libertad.

Interior landscape.
There is free space everywhere.
Each level is free, from the bottom up, from right to left, from north to south, crossed with visuals to offer maximum freedom.

Espacio programado ≈ Espacio libre
Programmed space ≈ Free space

16.500 m²   (100%)

espacio libre

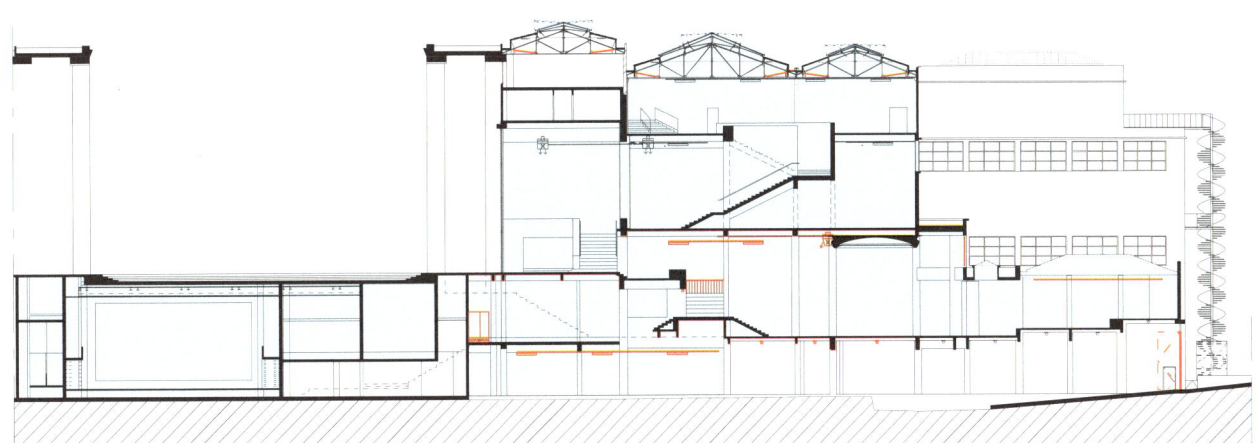

Sección. Accesos públicos
Section. Public access

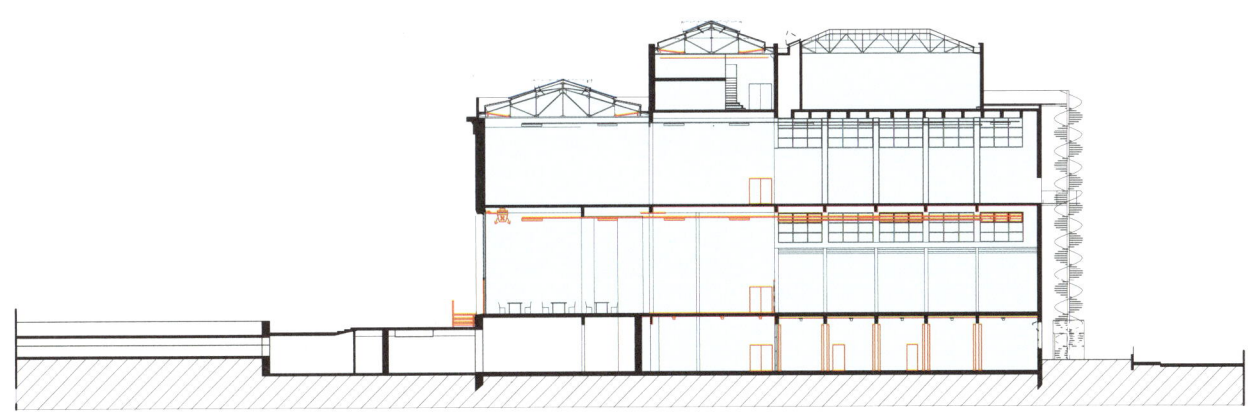

Sección. Exposiciones
Section. Exhibitions

Después de cada instalación, volver al interior vacío inicial con el fin de volverlo a llenar.

Completely emptying the space, after each installation, in order to fill it up once again.

Facultad de Ciencias de la Gestión
Burdeos, Francia, 2008

Una facultad para 3.000 estudiantes en el centro de la ciudad, rodeada de 660 rosales en todos los niveles.

Faculty of Management Sciences
Bordeaux, France, 2008

A faculty for 3,000 students in the city centre, surrounded by 660 roses trees at all levels.

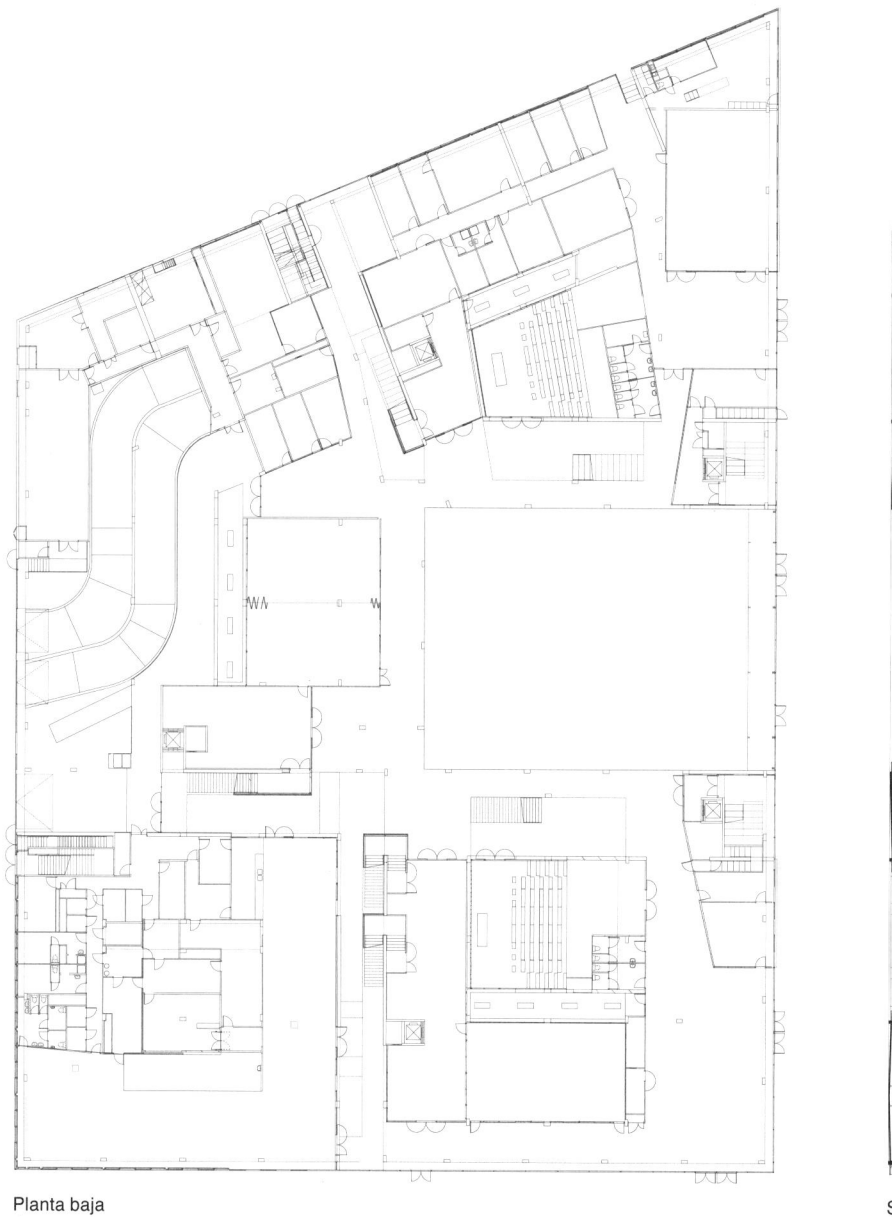

Planta baja
Ground floor

Sección longitudinal
Longitudinal section

En todas las plantas, los espacios se extienden en balcones y terrazas, con 660 rosales.
Decorativos y poéticos, los rosales cualifican el espacio, el aire, la luz y las estaciones del año.

On all levels, the spaces are extended with balconies and terraces, planted with 660 rose trees.
Decorative and poetic, they signify the quality of the space, the air, the light and the seasons.

espacio libre

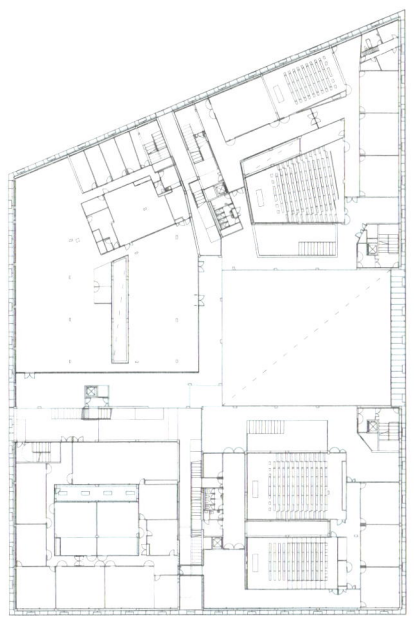

Planta primera
First floor

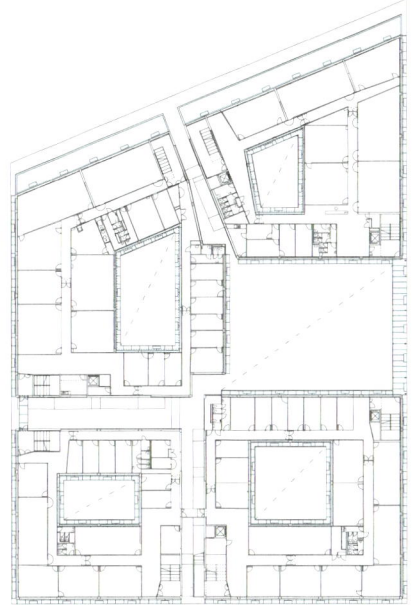

Planta tercera
Third floor

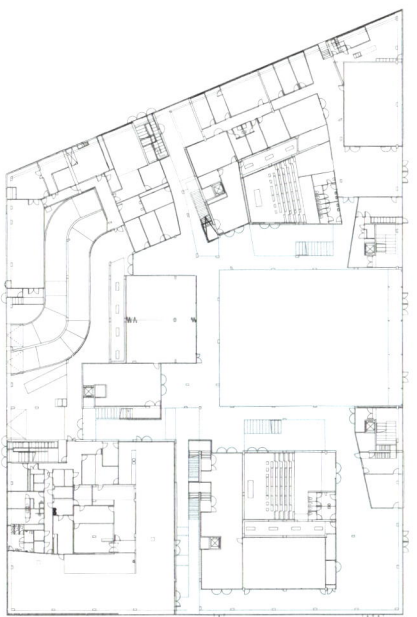

Planta baja
Ground floor

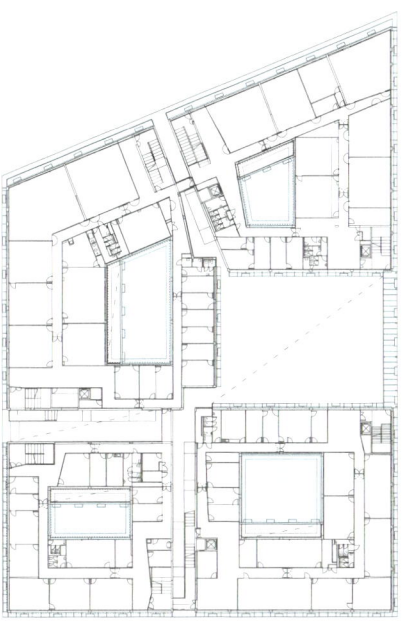

Planta segunda
Second floor

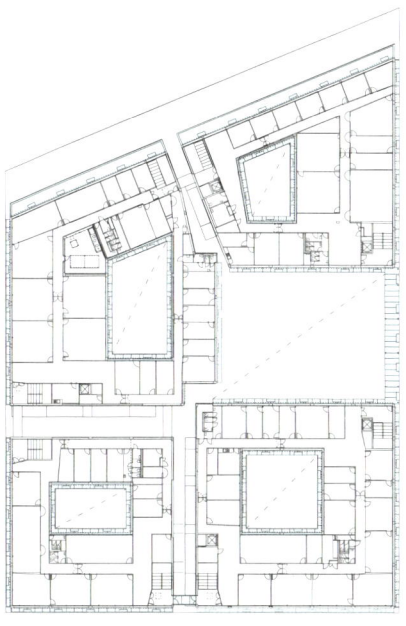

Planta cuarta
Fourth floor

Espacio programado	Espacio libre
Programmed space	Free space
20.379 m²	6.107 m² (23%)

0 10 20   50 m

free space

Escuela de Arquitectura
Nantes, Francia, 2009
Una gran estructura de tres plataformas unidas por una rampa a orillas del río Loira multiplica el terreno urbano y crea diversas situaciones.

School of Architecture
Nantes, France, 2009
A large structure of three platforms joined by a ramp, alongside the river Loire, multiplies the urban terrain and creates diverse situations.

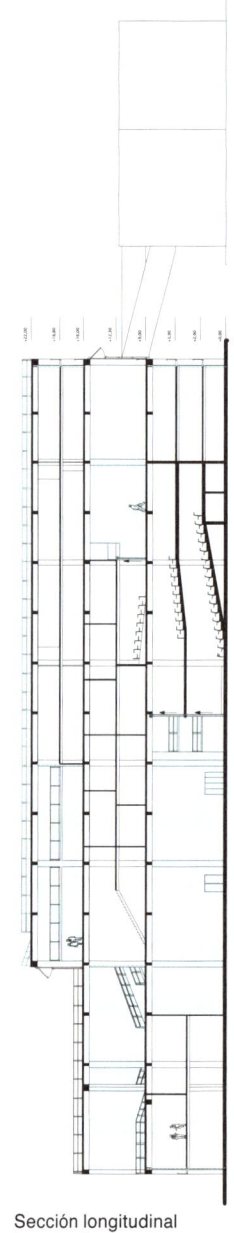

Sección longitudinal
Longitudinal section

Planta primera
First floor

La estructura ofrece espacio libre no programado, residual, que duplica los espacios del programa.
Lugar de creación, invención, interpretación; nunca el mismo, siempre nuevo.

The structue offers free, non-specific and residual space, which doubles the programmed space.
This space is one of creation, invention, interpretation; never the same, always new.

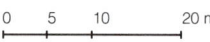

espacio libre

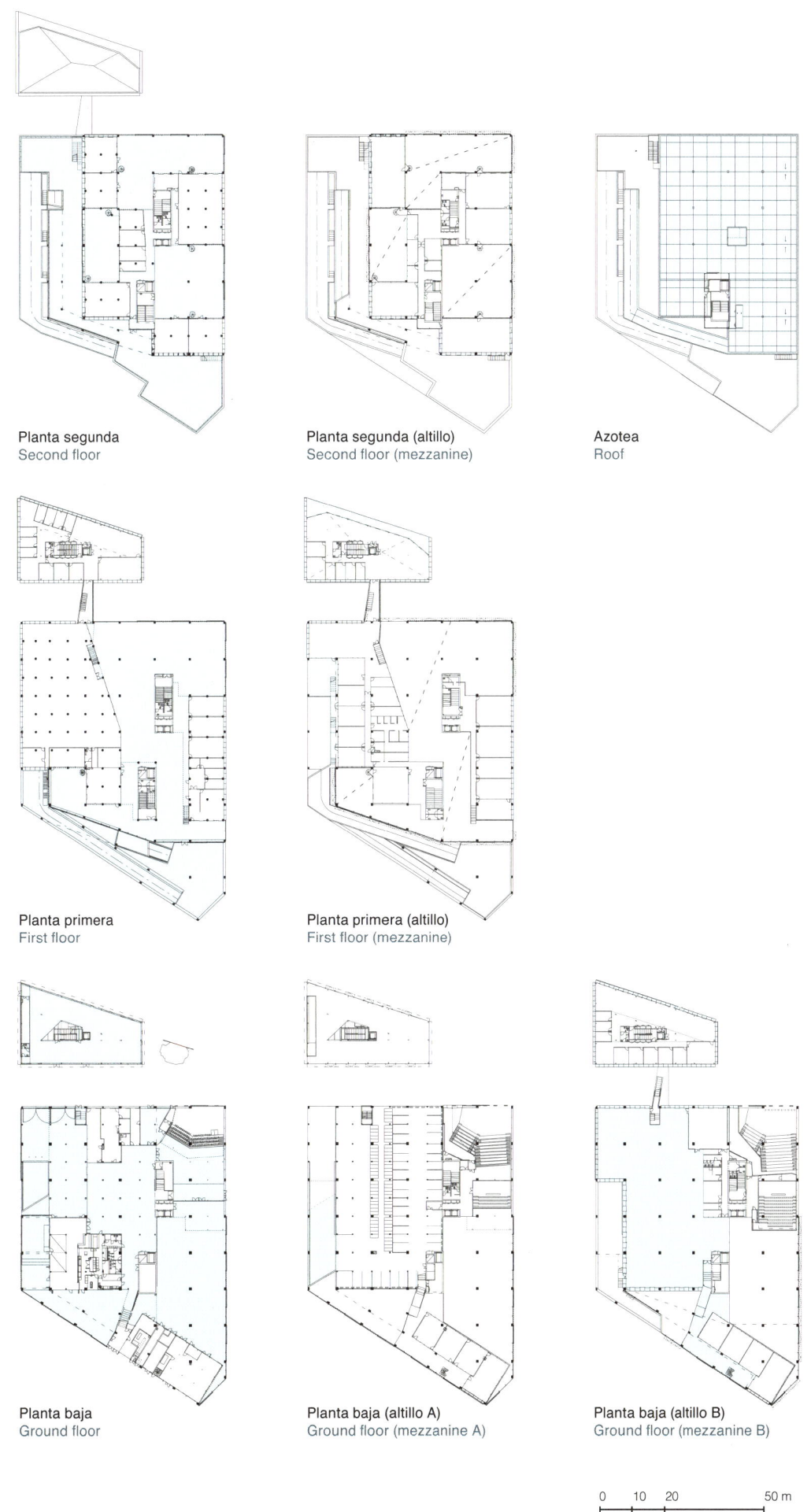

Planta segunda
Second floor

Planta segunda (altillo)
Second floor (mezzanine)

Azotea
Roof

Planta primera
First floor

Planta primera (altillo)
First floor (mezzanine)

Planta baja
Ground floor

Planta baja (altillo A)
Ground floor (mezzanine A)

Planta baja (altillo B)
Ground floor (mezzanine B)

0 10 20   50 m

Hall polivalente Le Grand Sud
Lille, Francia, 2013

Una gran estructura abierta y flexible aloja tanto actividades cotidianas del barrio como grandes conciertos y celebraciones culturales.

Polyvalent Hall Le Grand Sud
Lille, France, 2013

A large open and flexible structure hosts daily neighbourhood activities as well as concerts and cultural events.

1   Kiosco de recepción móvil Mobile reception kiosk
2   Bar móvil Mobile bar
3   Invernadero móvil Mobile greenhouse
4   Almacén para paneles acústicos móviles Storage room for mobile acoustic panels
5   Cortinas Curtains
6   Gradas telescópicas Telescopic stands
7   Asientos móviles Moveable seating
8   Fachada de invernadero móvil Mobile greenhouse façade
9   Vivienda Dwelling
10 Sala de audio Audio room
11 Sala de actividades Activity room
12 Oficina Office
13 Almacén Storage
14 Cuarto de instalaciones Technical room
15 Festival Festival

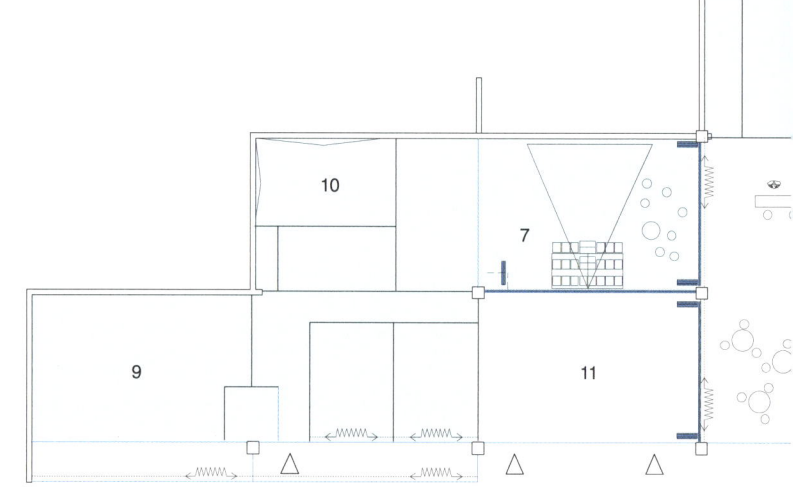

Planta baja
Ground floor

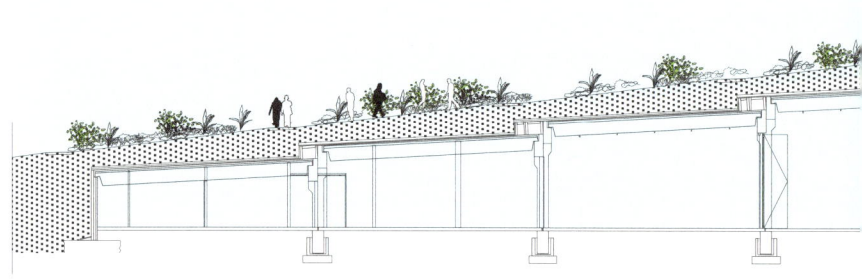

Sección longitudinal
Longitudinal section

Doble, flexibilidad, expansión.
La oportunidad de un enorme espacio generado bajo la colina de un jardín público se emplea al máximo para ampliar el espacio del *hall* polivalente.
Duplicar el programa para eliminar las constricciones; facilitar y potenciar la coexistencia de usos.

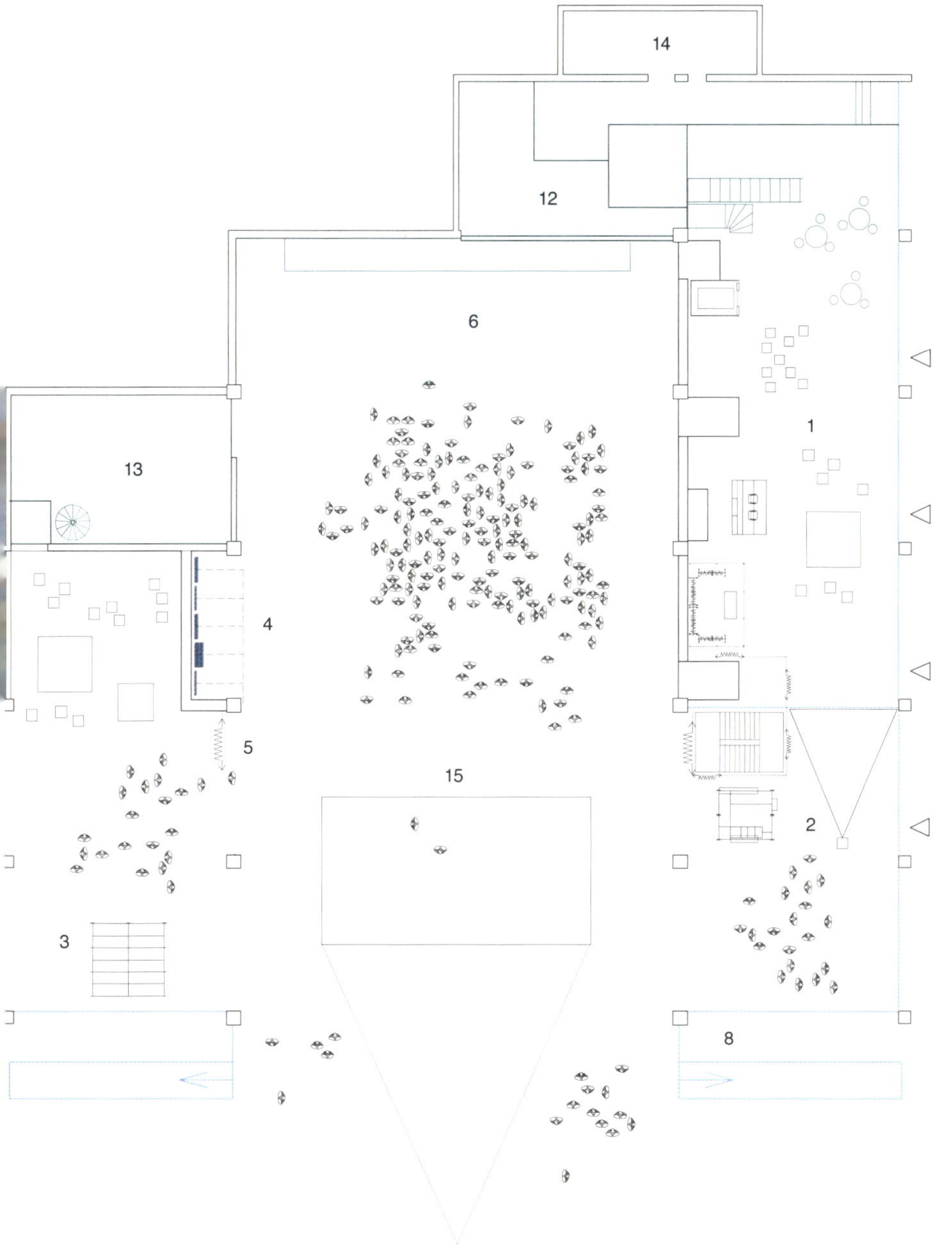

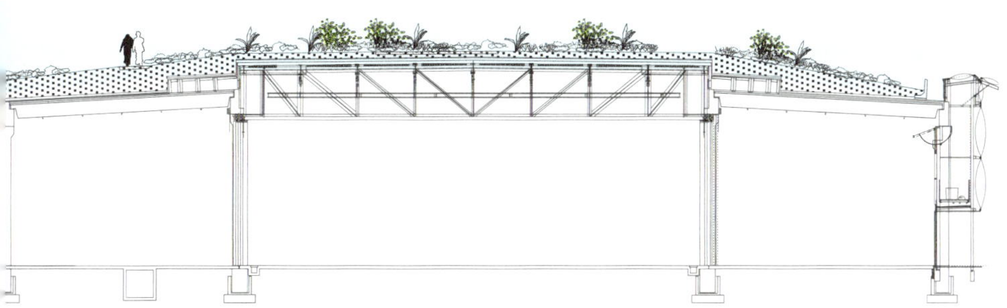

Double, flexibility, expansion.
Making the most of the opportunity to create a vast space under the hill of a public garden, in order to enlarge the space of the multi-purpose hall.
Doubling the programme to eliminate constraints; making it a better space to use and share.

Espacio programado	Espacio extra
Programmed space	Extra space
1.745 m²	1.555 m² (47%)

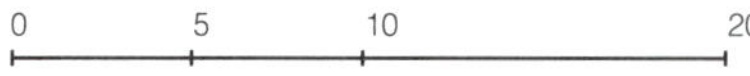

free space

FRAC
Dunkerque, Francia, 2015

Una colección pública regional de arte ubicada en un antiguo almacén de barcas, reutilizado y ampliado, entre el puerto, el mar y la ciudad.

FRAC
Dunkirk, France, 2015

A regional public art collection installed in an old boat warehouse, which is reused and expanded in the midst of port, sea and city.

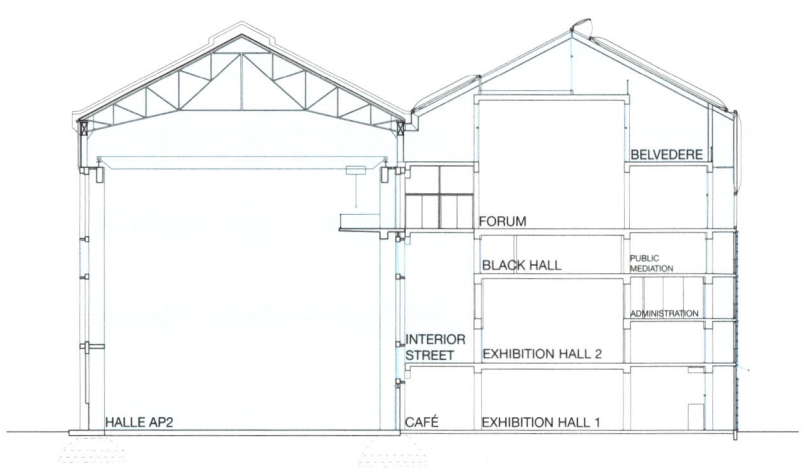

Sección transversal
Cross-section

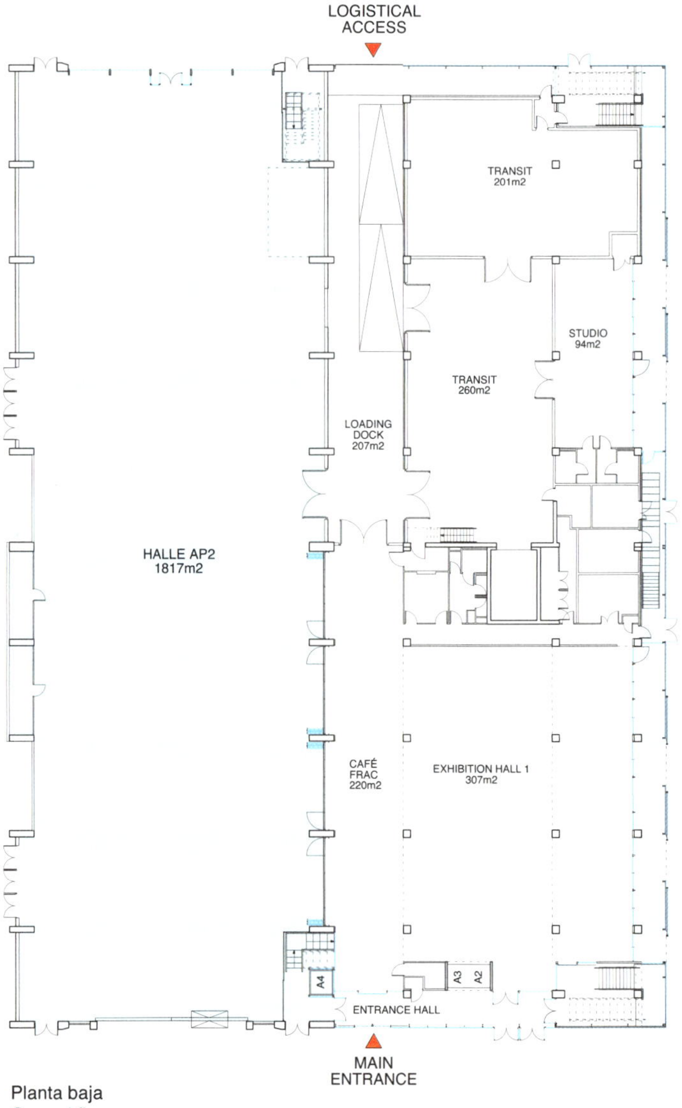

Proyecto
Project

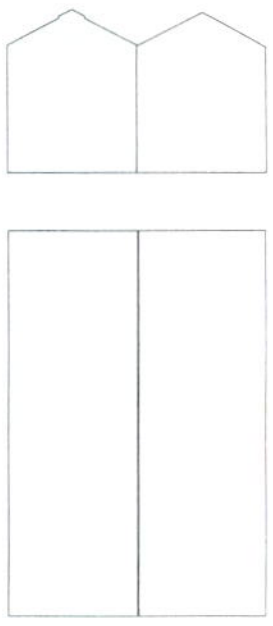

Edificio existente
Existing building

Planta baja
Ground floor

Doble, *loft.*
Entre el programa, compactado en el centro, y la envolvente, se ubican tres espacios extra, abiertos y luminosos.
El volumen existente queda libre y crea nuevos usos y relaciones con su gemelo.

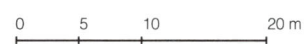

82   espacio libre

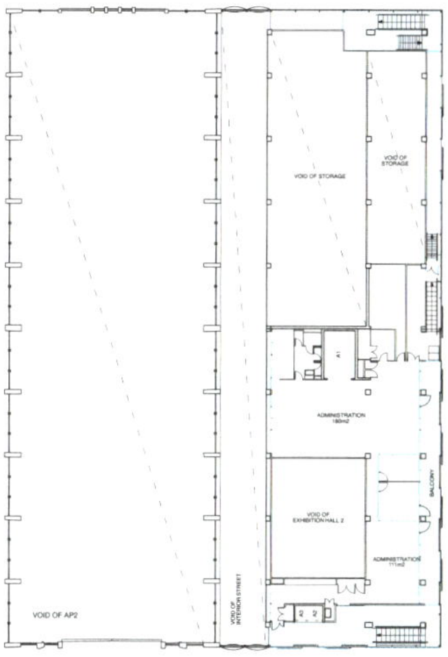

Planta segunda
Second floor

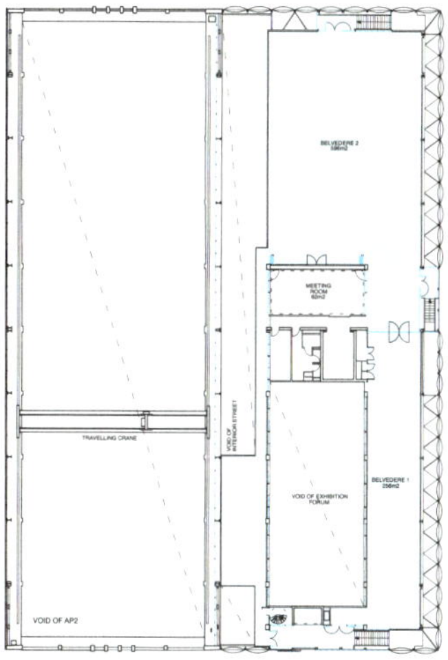

Planta quinta
Fifth floor

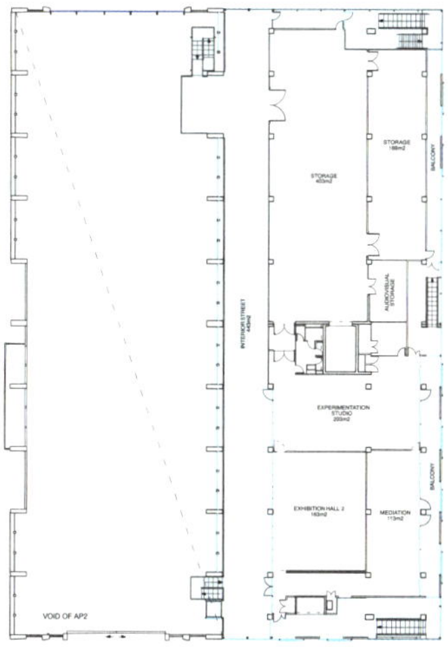

Planta primera
First floor

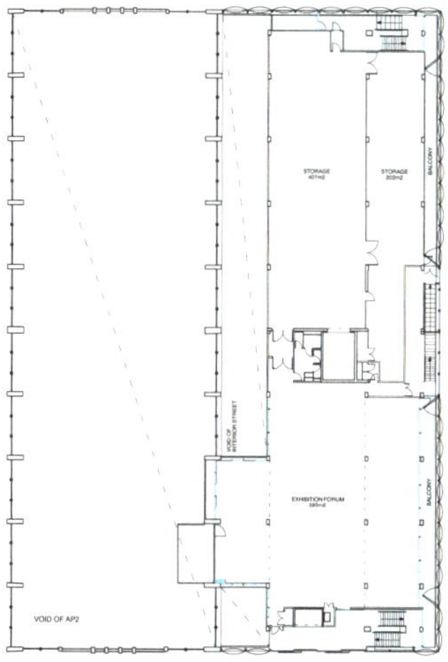

Planta cuarta
Fourth floor

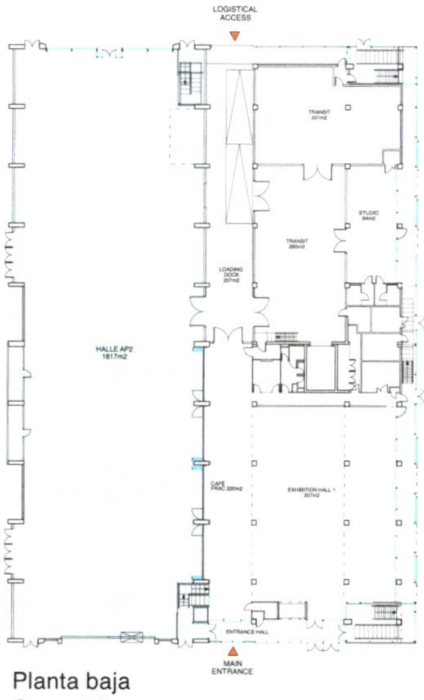

Planta baja
Ground floor

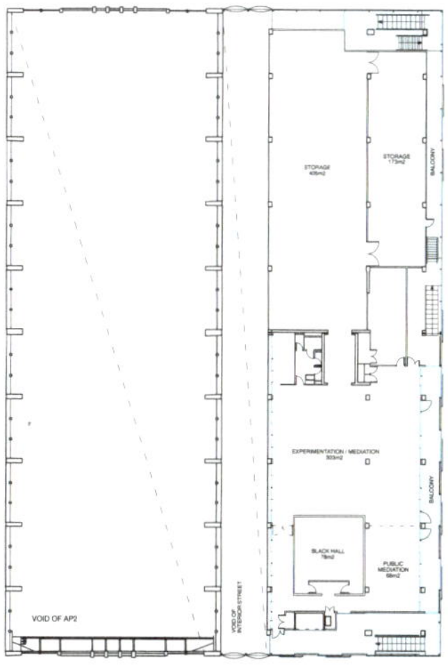

Planta tercera
Third floor

Double, loft.
Between the designated space, compacted into the middle, and the envelope, there are three extra spaces, open and bright.
The existing volume remains free, and it creates new uses and new relations with its twin space.

Espacio programado
Programmed space

Espacio libre
Free space

6.879 m²

4.555 m² (40%)

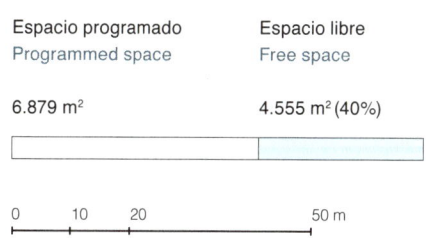

free space

transformación

transformation

Tanto si se trata de vegetación como de usos, vistas, espacios, suelos o construcciones, lo existente es la estructura previa a todos nuestros proyectos.

Sea cual sea la época, el lugar, el uso —industrial, residencial, cultural—, ya hablemos de un árbol, un jardín o un paisaje, lo existente es una materia rica y compleja formada por numerosos elementos y cualidades que hay que saber mirar con atención e interés.

Nos referimos a situaciones urbanas complejas, edificios industriales abandonados que, sin embargo, ofrecen volúmenes idóneos y generosos; edificios escolares que ya no cumplen la normativa, sin que por ello sean inservibles; muchas viviendas modernas que ya no ofrecen condiciones técnicas o de confort completamente satisfactorias, pero que suelen estar bien diseñadas y cuentan con una superficie más generosa que el estándar actual, etc.

Estos lugares existentes aún no están al final de sus vidas. Cuentan todavía con estructuras válidas y constituyen volúmenes edificados únicos.

Siempre consideramos lo existente como una oportunidad.
Todas las situaciones ofrecen un potencial y unos volúmenes que pueden reutilizarse, reactivarse e integrarse.
Todos los lugares están abiertos a la creación y la imaginación.
Todas las limitaciones pueden convertirse en algo positivo.
Todas las situaciones existentes constituyen un nuevo material para los proyectos.

Sin embargo, un enfoque distorsionado, basado en afirmaciones incuestionables, sin justificación real y que se repiten hasta la saciedad sin volver a ser debatidas (es más caro restaurar que destruir y reconstruir, es imposible respetar la normativa, etc.), provoca que las construcciones existentes a menudo se consideren obsoletas, irreparables, inutilizables, como si no pudiesen evolucionar. Frecuentemente están inevitablemente condenadas, y suele optarse por demoler, hacer *tabula rasa* y empezar de cero con el argumento de reconstruir de manera sostenible sin tener en cuenta el despilfarro que supone la demolición y el valor de lo que se ha perdido.

La demolición es una solución cómoda y cortoplacista, y nosotros pensamos que es una medida equivocada; la peor de las soluciones. Constituye una pérdida de la historia, el volumen, un desperdicio de materiales, energía y dinero. Es una solución perdedora en todos los sentidos.

Partir de situaciones existentes, en lugar de empezar siempre desde una *tabula rasa*, es más económico y sostenible. El balance es mucho más positivo en todos los aspectos, pero especialmente en el social.

No queremos que lo existente sea un problema, una limitación.

Nunca partimos de la premisa de que lo existente no es adecuado. Al contrario, pensamos que cada lugar existente es un recurso y un valor añadido, y más que ver únicamente sus defectos, buscamos siempre sus valores y cualidades para beneficio del proyecto.

Whether it is a matter of plants, usages, views, space, flooring or construction, the existing is the preliminary structure for all our projects.
Whatever the era, the location, or the usage—industrial, residential or cultural, whether we are talking about a tree, a garden or a landscape—the existing is a rich, complex material composed of multiple elements and qualities, that we need to be able to look at keenly and attentively.
Complex urban situations; abandoned industrial buildings, which nevertheless offer generous and adaptable volumes; school buildings which no longer meet today's standards, without actually being unusable; existing housing, particularly modern housing, which no longer offers entirely satisfactory conditions in terms of technicality or comfort, but which is often well-designed and offers more generous surface areas than is the norm today, etc.
All these existing premises are not at the end of their lives. They remain valid structures and constitute precious built capacities.

We have always considered the existing to be an opportunity.
All situations offer a potential and capacities that can be re-used, re-activated, integrated.
All places enable invention, imagination.
All restrictions can be turned into positives.
All existing situations form a new material for projects.

However, there is another certain misguided approach, based on bold and mostly baseless statements that are then repeated endlessly, without being re-questioned (i.e. that it is more expensive to renovate than to destroy and reconstruct, that it is impossible to upgrade to the current standards, etc.), whereby the existing construction is often considered as definitively obsolete, irreparable, unusable, un-upgradable. The construction is often condemned without the right to appeal, and the decision is invariably made to demolish it, to wipe the slate clean and start from scratch, while maintaining that the reconstruction will be carried out in an ecologically exemplary manner, although the balance sheet does not take into account the wastage involved in the demolition and all the value of what is lost.
Demolition is an easy and short-term solution, which we consider to be the worst option, a mistake. It entails a loss of history and skill, a waste of materials, of energy and money. It is a losing strategy, right across the board.
Starting off from an existing situation, instead of always starting off from a clean-slate situation, is more economical, more ecological. The balance sheet is considerably more positive, in every aspect, especially the social side.

We never wish to see the existing as a problem, as a restriction.
We never start off from the assumption that the existing is unsuitable. Instead, we consider every existing place as a resource and an added value; rather than only seeing its defects, we always seek out its values and qualities, so that the project can benefit from them.

Nuestra premisa es "nunca demoler, eliminar o sustituir; siempre añadir, transformar y utilizar, completar, actualizar, partir de lo existente para hacer más y mejor".[1]
Nuestra premisa es "hacer con".

"Hacer con" es llevar consigo los valores de lo existente y sus puntos fuertes, sin contrarrestarlos ni negarlos, y utilizarlos para crear la base y el valor de un nuevo proyecto. Esto no significa someterse o dejarse coaccionar o imponer, sino, al contrario, crear a partir de lo existente y tomar el lugar respetando su coherencia e inteligencia y tratarlo como un todo.

Buscamos siempre ampliar las situaciones existentes con la máxima delicadeza y ligereza. Añadir, unir, dilatar, superponer, franquear lo existente es siempre más interesante que volver a empezar de cero en un lugar que ha sido limpiado y vaciado. Creemos en la importancia de la superposición en la arquitectura y el urbanismo. Cuanto más portador sea un lugar de imaginarios variados y mezclados, más interesante nos parecerá para vivir, al tiempo que servirá como detonador de nuevas relaciones. La superposición de dos situaciones, temporalidades o usos permite bascular hacia un tercer lugar. El proyecto crea entonces una nueva situación, más duradera, enriquecida por todas las historias y los estratos que le han precedido.

El proceso requiere una mirada atenta, curiosa, precisa, rigurosa; buscar los valores y la coherencia del lugar o del edificio, sin inventar la historia, y, con la misma atención, precisión y rigor, asumir la unión de una arquitectura contemporánea cuando esta es necesaria para ampliar o crear usos.

Para que sea técnica y económicamente eficaz, el procedimiento pasa por realizar un inventario muy detallado sobre el terreno para identificar y determinar todo lo que puede reutilizarse, lo que falta, y para definir cuidadosamente las intervenciones que hay que efectuar, para luego actuar de un modo específico, con discernimiento, y no de manera generalizada. Es necesario utilizar cada espacio en consonancia con su capacidad y sus valores intrínsecos, cada edificio en consonancia con su naturaleza y estructura, y reflejar la heterogeneidad que caracteriza a los edificios existentes. Siempre fieles al principio de no perder nada.

La transformación cuestiona la manera de modificar la ciudad, partiendo de lo existente. Permite contemplar una densificación diferenciada en lugar de una uniformizada, distribuida por igual, que ignora la heterogeneidad, las singularidades y las diversidades de los paisajes, o que parte de un terreno vacío.

Identifica todos los potenciales evolutivos de las situaciones existentes, construye donde es posible y cualitativo, con precisión y discernimiento, sin forzar ni alterar los sistemas del lugar.

El planteamiento tiene que partir siempre de la calidad de la vivienda, ya sea esta existente-transformada o nueva. Ha de partir de la transformación de la misma para cambiar el barrio, ampliar las viviendas como requisito previo para la densificación, para densificar no a través de la masa, sino del espacio vivido, individual,

---

[1] Druot, Frédéric; Lacaton, Anne y Vassal, Jean-Philippe, *PLUS: la vivienda colectiva. Territorio de excepción*, Editorial Gustavo Gili, Barcelona, 2007.

Our attitude is to "never demolish, never subtract or replace, always add, transform and use, supplement, update, start off with the existing to do more and to do better[1]".
Our attitude is to Make Do.
Making Do involves taking up the values and strengths of the existing, not opposing or denying them, but turning them into the basis and merit of a new project. This does not mean submitting or letting oneself be restricted or imposed upon, quite the opposite: it means inventing from the existing, by accepting the place as something coherent and intelligent, and as a whole.
We invariably seek to prolong existing situations with the utmost delicacy and lightness. Adding, adjoining, dilating, superimposing, straddling the existing—these proposals are more interesting than constantly starting afresh, in a place that has first been cleaned up and emptied out.
In architecture and urbanism, we believe in the importance of superimposition. The more a place is a vessel of multiple and combined imaginations, the more we see it as somewhere stimulating to inhabit, a trigger for new relationships. The superimposition of two situations, temporalities or usages allows us to tip over into a third space. The project will then invent a new, more sustainable situation, enriched by all its preceding histories and strata.

This approach entails the casting of an attentive, observant, sharp, rigorous gaze, searching for the values and coherence of the place or construction, without inventing history. It also entails paying the same attention, with the same sharpness, the same rigour, in order to add on contemporary architecture whenever extending or generating usages is necessary.
For the sake of technical and economic performance, the method in question relies on establishing a highly specific on-site inventory, in order to identify and classify everything that can be re-used, the elements that are missing, and to judiciously define the interventions that must be made. This makes it possible to act in a targeted and discerning manner, rather than taking a blanket approach. And each space can therefore be used according to its capacity and intrinsic qualities, each building according to its composition and structure, and the heterogeneity that characterises existing buildings is also taken into account. The guiding principle is to lose nothing.

More widely, transformation questions the way a city itself is transformed, starting off from the existing.
It enables us all to envisage a differentiated kind of densification, rather than the standardised, evenly distributed densification which fails to take account of the heterogeneity, singularities and diversities in landscapes, or which starts off from empty land.
Transformation leads to identifying all the potential for evolution in existing situations; it leads to constructing where it is possible and qualitative, realised with

---

[1] Druot, Frédéric; Lacaton, Anne and Vassal, Jean-Philippe, *Plus: Large-scale Housing Developments, an Exceptional Case*, Barcelona: Editorial Gustavo Gili, 2007.

yendo del más pequeño y privado al más colectivo.
Es un planteamiento que parte siempre de dentro afuera, de la escala más pequeña, la del habitante.
Implica un enfoque del terreno, caso por caso, que se basa en un inventario exhaustivo de datos y parámetros, que estudia la capacidad de evolución y transformación de cada situación construida, de cada territorio urbanizado.

Ello pone en cuestión la manera de pensar el urbanismo en las ciudades constituidas existentes y lleva a pensar un urbanismo de prolongación que, a diferencia de un urbanismo de *zonning*, desarrolla, densifica e intensifica la ciudad en el interior, antes de extenderla.
Este método basado en la adición, la incorporación, la ampliación y el acercamiento como política urbana favorece su adaptabilidad. Se basa en una cultura del detalle y la proximidad, y en la idea de pensar la ciudad como una sucesión de situaciones prolongables y de movilidades.

Una forma de generar ciudad a través de la suma de actos minuciosos que parten de lo existente.
Un enfoque basado en alejarse en lugar de en acercarse.

accuracy and discernment, all without forcing or upsetting the systems in place.
The approach should always start from the quality of a dwelling, whether it is transformed-existing or brand-new. It should start from the dwelling's transformation to help change the district, to extend dwellings as a necessary preliminary for densification, densifying not via mass but via the individual dwelt space, going from the smallest and most private to the most collective.
This is an approach that always proceeds from the inside out, from the smallest scale, i.e. that of the dweller.
It implies an on-the-ground approach, case by case, that relies on an exhaustive inventory of data and parameters, that studies the capacity for evolution and transformation of each constructed situation, of each area of developed land.

This approach calls into question the way that urbanism is conceived in existing, already-composed cities, and it amounts to conceiving an urbanism that is based on prolongation, as opposed to zone-based urbanism. It is an urbanism that develops, densifies and intensifies a city from the inside, before extending it.
This method, that hinges on addition, supplementation, extension and merging, when taken as a city's urban policy, seems to us to boost its adaptability. It relies on a culture of fine-tuning and proximity, and the idea of seeing the city as a string of situations to be prolonged, and of mobilities.

A means of engendering the city by fine-tuning, starting with the existing.
An approach based on "zooming out," rather than "zooming in".

La Condamine, Mónaco
2002

Mónaco es una ciudad moderna con una identidad muy fuerte, contrastes internos, transiciones directas, una topografía compleja y una concentración extrema en un terreno atrapado entre la montaña y el mar. Esto ha generado una situación excepcional caracterizada por una arquitectura moderna, obras de arte audaces e impresionantes jardines.

En el centro, La Condamine es el barrio portuario y también la sede del Gran Premio de Mónaco. Con el paso del tiempo, el espacio público se ha ido cargando de excesivo mobiliario urbano y una vegetación banal que ha alterado la autenticidad y carácter del barrio, lo que ha producido un efecto desordenado que limita el acceso y el atractivo, y oculta la arquitectura y las vistas hacia el puerto y el mar.

Para revitalizar la zona proponemos liberar el suelo del sobreabundante mobiliario urbano y de la vegetación ordinaria para despejar las vistas y las transparencias hacia el puerto y hacer el espacio público más accesible y abierto. Para transformar y densificar el barrio, unos edificios altos sobre *pilotis* ocupan solares vacíos para mantener el uso del suelo urbano.

La Condamine, Monaco
2002

Monaco is a modern city with strong identities, juxtaposed contrasts and direct transitions. It is an extremely concentrated stretch of land with a complex topography, enclosed by mountain and sea. All of this has engendered an exceptional situation, characterised by modern architecture, audacious artworks, and unique, outstanding gardens.

At the centre, La Condamine is the port district and also the venue for the Monaco Grand Prix. As time went by, the oversaturation of street furniture in the public space, as well as the banal plant life, has impaired the city's authenticity and character, producing a cluttered effect that curtails accessibility and diminishes its visual appeal. In turn, this has masked both the architecture and the views towards the port and the sea.

To revitalise the area, we proposed removing some of the furniture and drab vegetation, so as to claim back the views and transparencies towards the port, and make the public space more accessible and open. And we suggested that some additional high buildings, inserted in the unused voids and built on high pilotis to retain the use of the urban ground, could help transform and densify the neighbourhood.

Plaza Léon Aucoc, Burdeos
1996

La ciudad había puesto en marcha un programa de "embellecimiento" de las plazas. ¿Qué podíamos hacer en la plaza Léon Aucoc? Se trata de una plaza triangular, rodeada de árboles, con bancos y una pista de petanca. Los edificios que la delimitan tienen unas fachadas sobrias, pero bien diseñadas. Esta plaza es bonita porque es auténtica, nada sofisticada. Tiene la belleza de lo evidente, lo necesario, lo preciso. La gente parece estar a gusto en un ambiente tranquilo y agradable.

Pasamos mucho tiempo observando lo que ocurría en la plaza y hablando con los vecinos.

¿Era realmente necesario cambiar el pavimento, sustituir los bancos o las farolas, que no estaban dañados, por otros que tuvieran un diseño más innovador? Nada requería realizar esos cambios.

Finalmente, propusimos no hacer nada. Únicamente algunos trabajos de mantenimiento necesarios, sencillos y rápidos: rehacer la grava del pavimento, un programa de limpieza, tratar los tilos, modificar ligeramente la circulación… Y esto fue lo que se hizo.

Place Léon Aucoc, Bordeaux
1996

Bordeaux had launched a programme to embellish its public squares. What could we do for Place Léon Aucoc? It is a triangular space, surrounded by trees, with benches and an area for playing *pétanque*. Around it stand houses with sober but well-designed façades. The square's beauty comes from its authenticity and lack of sophistication: it has the beauty of something obvious, necessary, appropriate. People seem at home in this square, enjoying the calm, harmonious atmosphere.
We spent a long time here, observing what was going on and speaking with the residents.
What would be the point in replacing the ground, or updating the undamaged benches and street lamps with other, newer designs? There was no pressing need for such changes.
As such, in the end, we proposed doing nothing. We suggested just a few key maintenance works, which would be quick and easy to carry out: replacing the gravel, more regular cleaning, treating the lime trees, a slight modification to the traffic flow… and that's what was done.

Casa D, Lège-Cap-Ferret
1996-1998

El terreno, orientado al sureste, es una de las últimas parcelas sin construir en primera línea a orillas de la bahía de Arcachón. Es un fragmento de duna de arena, cubierta de arbustos, mimosas y 46 pinos, que se eleva y cae rápidamente de nuevo hacia la bahía.

Los propietarios iban de vez en cuando para relajarse, comer al aire libre o construir cabañas. Les gustaba el terreno tal como era y se preguntaban si sería posible construir una casa que conservara las cualidades y el carácter del lugar, la duna y la vegetación.

La casa se eleva cuatro metros por encima del terreno sobre una estructura metálica de doce pilares anclados en el suelo mediante micropilotajes que perforan cuidadosamente el suelo arenoso. La casa se desliza entre los árboles. Se conservan todos los pinos y seis de ellos atraviesan la vivienda. La casa tiene unas vistas panorámicas sobre la bahía, mientras que desde el mar la casa se funde en el entorno.

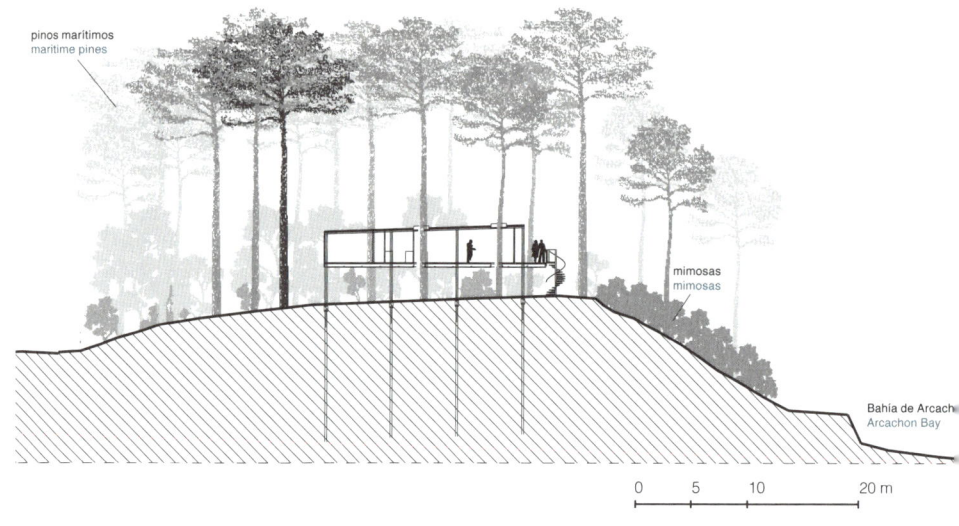

House D, Lège-Cap-Ferret
1996-1998

This southeast-facing site was one of the last undeveloped plots on the shorefront of Arcachon Bay. The plot is essentially a stretch of sand dune, covered with arbutus, dense mimosas and 46 pine trees. It rises then quickly drops again as it reaches the Bay.
The owners would go there every now and then to unwind, have a picnic or build huts. They loved the land as it was, and they wondered whether it would be possible to build a house there while preserving the quality and character of the place, including the dune and its vegetation.
The house perches four metres above the ground on a twelve-pole metal structure, anchored by independent micropiles that are driven into the ground with precision in order to preserve the dune. The house is slipped in between the trees. All the pines have been preserved, and six of them traverse the house. Inside, the view of the Bay is panoramic, whereas the house, as seen from the water, blends into the vegetation.

Ecobarrio, La Vecquerie, Saint-Nazaire
2009

El emplazamiento, situado sobre una pendiente orientada al sur y al mar, ofrece unas cualidades notables gracias a la topografía, la densidad y la diversidad vegetal, así como por la existencia de un edificio moderno abandonado.

El programa del barrio ecológico prevé la construcción de 250 viviendas, individuales o semicolectivas, que cubrirían todo el terreno. Desde un principio descartamos modificar el emplazamiento, el suelo y sus componentes paisajísticos. Sería absurdo destruir valores naturales únicos para volver a implantar otros si la intención era construir un barrio ecológico.

Los edificios se levantan sobre *pilotis* a una altura de doce metros sobre el nivel del terreno, flotando sobre la masa arbórea, y dejan una huella mínima en el suelo.

El terreno mantiene su condición natural y se destina a lugar de paso o de uso público. No se altera la vegetación, que en unos años volverá a tener unas condiciones óptimas y consolidadas.

Eco-District, La Vecquerie, Saint-Nazaire
2009

This site, south-facing and sloping down to the sea, was remarkable in terms of its topography, density and plant diversity, as well as the presence of a disused modernist building.

The eco-district's programme envisaged the construction of 250 individual or semi-collective dwellings over the whole site. We immediately ruled out any modifications to the site; its ground or its landscape features. Given that the aim was to construct an eco-district, it seemed absurd to destroy its valuable natural assets in order to rebuild other elements.

The constructions, on stilts, would rise 12 metres above the ground and float above the forest mass. The building's footprint would be minimal.

The land itself would remain natural and open for public passage and usage. The vegetation would not be disturbed, and could even be redeveloped after several years to return to an optimal stabilised state.

Planta nivel del terreno
Ground level plan

Planta +9 m
Circulaciones
Level +9m
Circulations

Planta por encima de +12 m
1. Edificio existente reformado
Uso público
2. Viviendas de nueva construcción
Level at over +12m
1. Existing building renovated
Public use
2. New housing units

Año 1: vegetación existente
Year 1: existing vegetation

Del año 1 al año 4
From year 1 to year 4

Del año 4 al año 10
From year 4 to year 10

Del año 10 al año 40
From year 10 to year 40

Evolución del bosque y su entorno en el tiempo
Evolution of the forest and its surroundings over time

transformation — Eco-District, La Vecquerie, Saint-Nazaire

Viviendas, Petit Maroc, Saint-Nazaire
2004

En la desembocadura del Loira, frente al océano, el Petit Maroc es un barrio detenido en el tiempo, un lugar fascinante, pero al mismo tiempo frágil, un extremo del mundo donde viven los trabajadores de los astilleros y los capitanes de navíos mercantes. El programa exigía la demolición total de los edificios y la construcción de nuevas viviendas. El carácter del lugar nos sugería todo lo contrario: mantener el equilibrio existente, el encanto, el ambiente animado y agradable, los árboles, los usos y los caminos; que la gente se quedara en el lugar y realizar el proyecto a partir de lo existente. Podíamos intervenir teniendo en cuenta todas estas particularidades; podíamos transformar las viviendas existentes, todavía en buen estado, y añadir algunos edificios nuevos manteniendo el encanto del barrio. Se conservaron, ampliaron y recalificaron las 27 viviendas existentes y se proyectaron 28 viviendas nuevas sin transformar el espacio público ni los jardines.

Perdimos el concurso y los edificios fueron derribados. Sin embargo, gracias al proyecto, iniciamos con el mismo cliente otros proyectos de transformación sin demoler lo existente.

Housing units, Petit Maroc, Saint-Nazaire
2004

At the mouth of the Loire River, facing the ocean, Petit Maroc is a neighbourhood untouched by time, an enchanting and fragile place at the end of the world, home to shipyard workers and the captains of merchant ships. The brief requested that the buildings be demolished entirely, and that new housing be constructed. Yet the place's character led us to the conclusion that the delicate balance there should be kept, with all its charm, warmth and conviviality, its trees, usages and pathways. The people should be left where they are, and the project ought to develop what's already there. We could intervene, while taking all of that into account. We could transform the existing housing, still in a good state, and add a few new constructions, while retaining the district's charm. The 27 existing housing units could be preserved, extended and upgraded, and 28 new housing units could be created on the site without disturbing the public space or the gardens.
We did not win this competition, and the housing was duly demolished. Even so, we later worked on other demolition-free transformation projects with the client.

Antes Before

Después After

  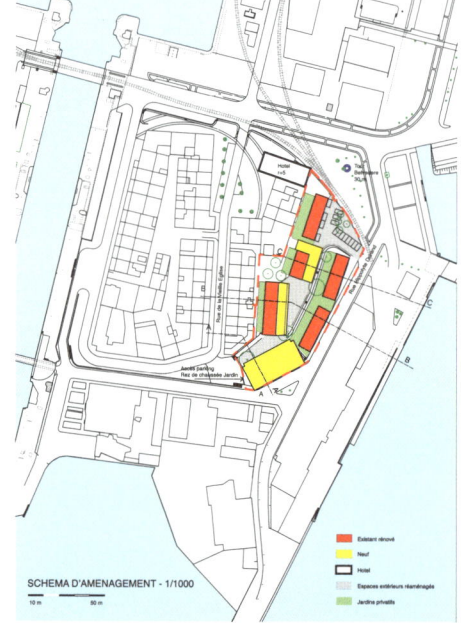

Antes Before   Después After

108   transformación — Viviendas, Petit Maroc, Saint-Nazaire

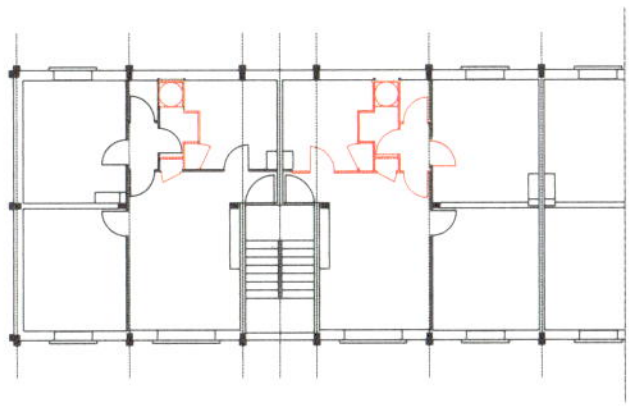

Nuevo
New

4 T3

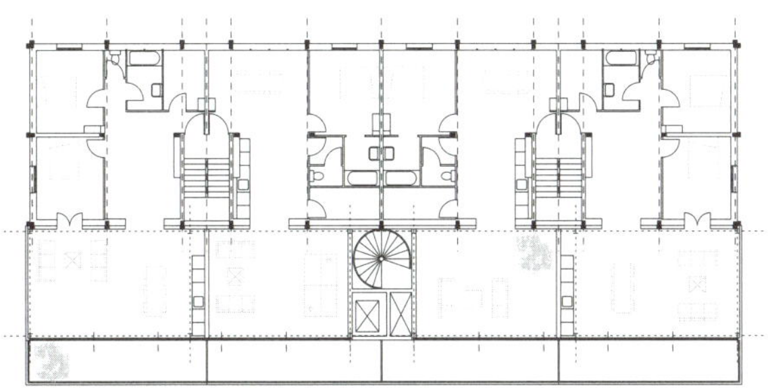

2 T3 (T3 existentes, renovados y ampliados)
2 T3 (existing T3, renovated and enlarged)

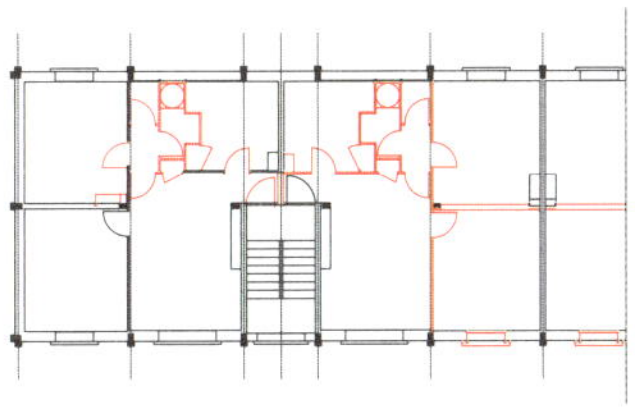

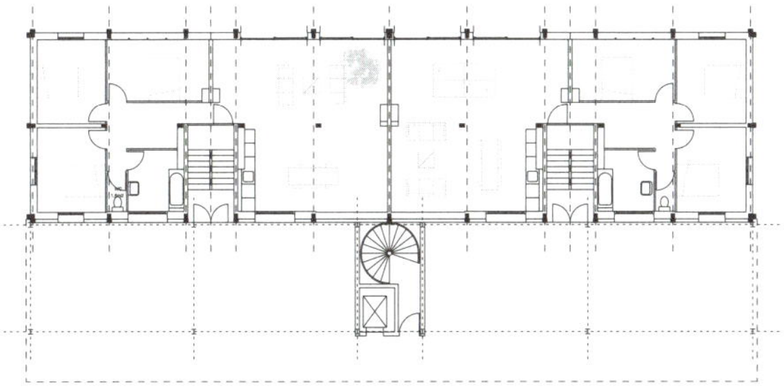

4 T3

Edificio F, existente
Building F, existing

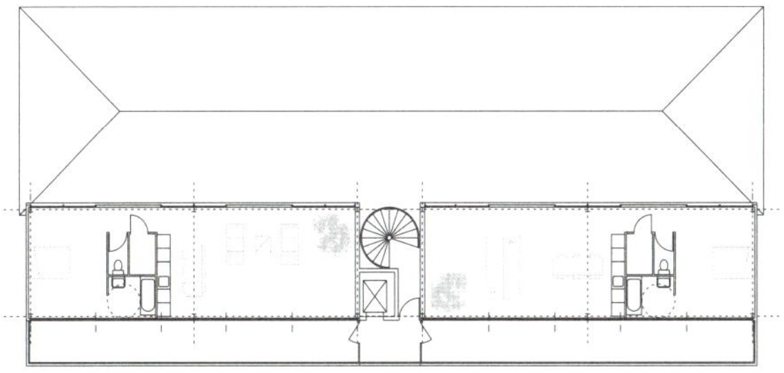

2T4 (por reagrupación de dos T3 existentes)
2T4 (by grouping two existing T3)

Proyecto
Project

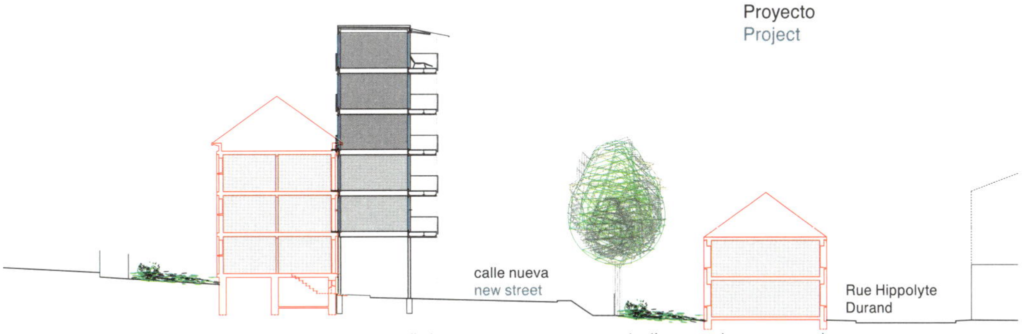

jardín / garden
existente, renovado / existing, renovated
y ampliado / and extended
calle nueva / new street
jardín / garden
existente, renovado / existing, renovated
Rue Hippolyte Durand

Edificio F / Building F
Edificio F' / Building F'
Edificio B / Building B

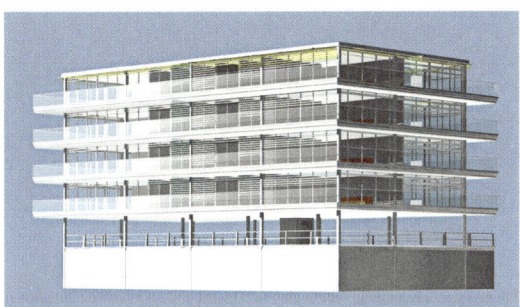

Nuevo edificio New building

Ampliación Extension

Ampliación Extension

transformation — Housing units, Petit Maroc, Saint-Nazaire   109

transformation — Housing units, Petit Maroc, Saint-Nazaire

Barrio Bellevue, Boulogne-Billancourt
2010

El emplazamiento configura una manzana ocupada por un parque y dos bloques de viviendas de seis plantas construidos en la década de 1970. El programa del concurso incluía la demolición de los edificios existentes, la conservación del parque y la construcción de 137 viviendas nuevas, comercios y equipamientos.

Decidimos conservar cuidadosamente el conjunto de los árboles del lugar y consolidar el parque, que se prolonga hasta la calle. Las 81 viviendas existentes se transformaron y ampliaron gracias a la construcción de galerías añadidas. Un terreno vegetal recubre ahora la zona del aparcamiento, y en la planta baja de los edificios existentes se integran comercios y equipamientos a pie de calle. El pavimento cae en una pendiente suave hasta el nivel de la acera, deja pasar los árboles y se despliega como un parque en toda la manzana. Las 56 viviendas nuevas que completan el programa se construyen alrededor. El coste del proyecto es un 30 % inferior al coste que supone la demolición total y la reconstrucción.

Bellevue district, Boulogne-Billancourt
2010

This site forms a block, made up of a park and two six-storey residential buildings from the 1970s. The competition's brief called for the total demolition of the existing housing, the preservation of the park, and the construction of 137 new housing units, shops and facilities.

The proposed project was for all trees on the site to be carefully maintained, the park extended to the end of the road, and the 81 existing housing units transformed and enlarged by the addition of winter gardens and extensions. New vegetation would cover the existing carpark on the ground level, by the roadside shops and facilities. This vegetation would follow a gentle slope near the footpath, be crossed by trees, and then develop into a park covering the entire block. In addition, 56 new housing units would be constructed on the side to meet the brief. This project's cost is 30% lower than the original budget for the building's total demolition and reconstruction.

El proyecto de urbanización de la manzana incluye tres tipos de intervenciones que se pueden desarrollar en paralelo o por fases:
The project for the development of the block includes three types of interventions, which can be carried out in parallel or in phases:

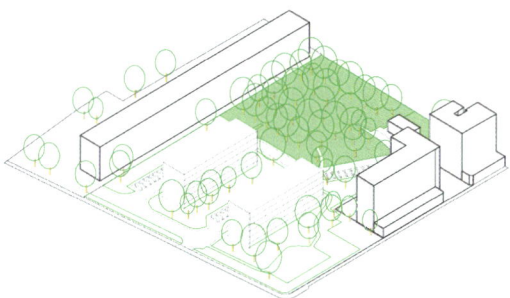

1. Existente
1. Existing

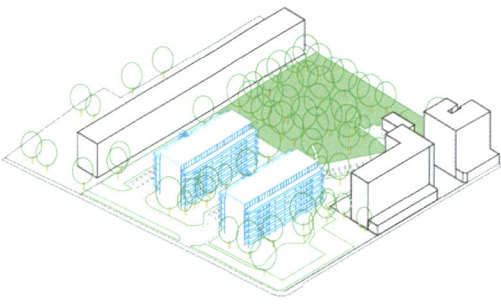

2. Transformación y ampliación de las 81 viviendas existentes
2. Tranformation and extension of the 81 existing apartments

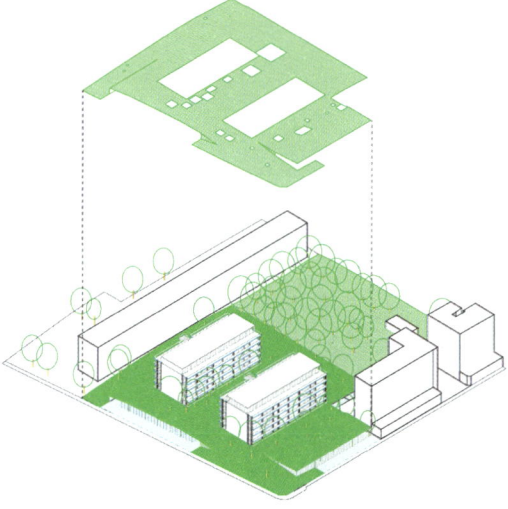

3. Creación de un nuevo suelo vegetal
3. Creation of new vegetation

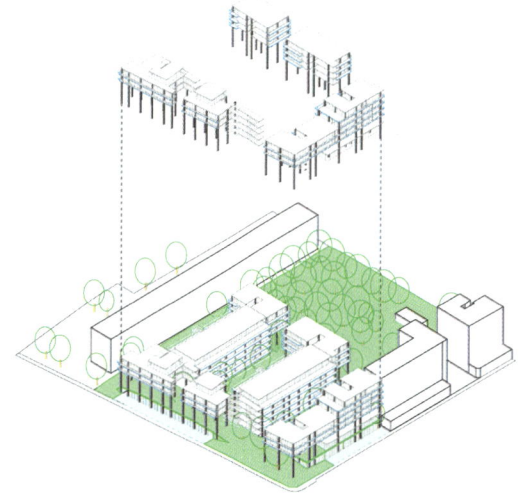

4. Construcción de 56 nuevas viviendas
4. Construction of 56 new apartments

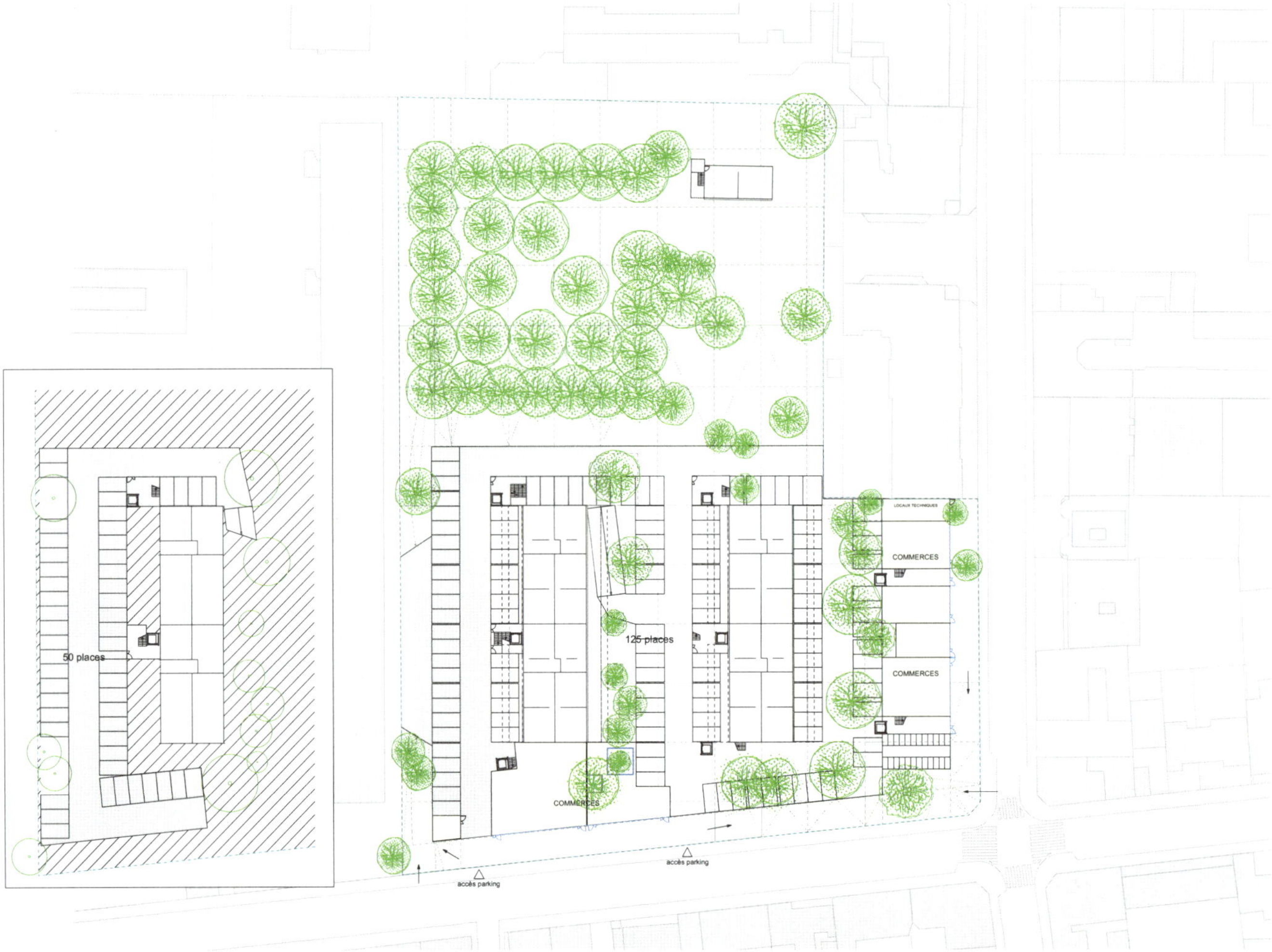

Planta sótano: aparcamiento
Basement: parking

Planta baja: aparcamiento, nivel de calle
Ground floor: parking, street level

114 transformación — Barrio Bellevue, Boulogne-Billancourt

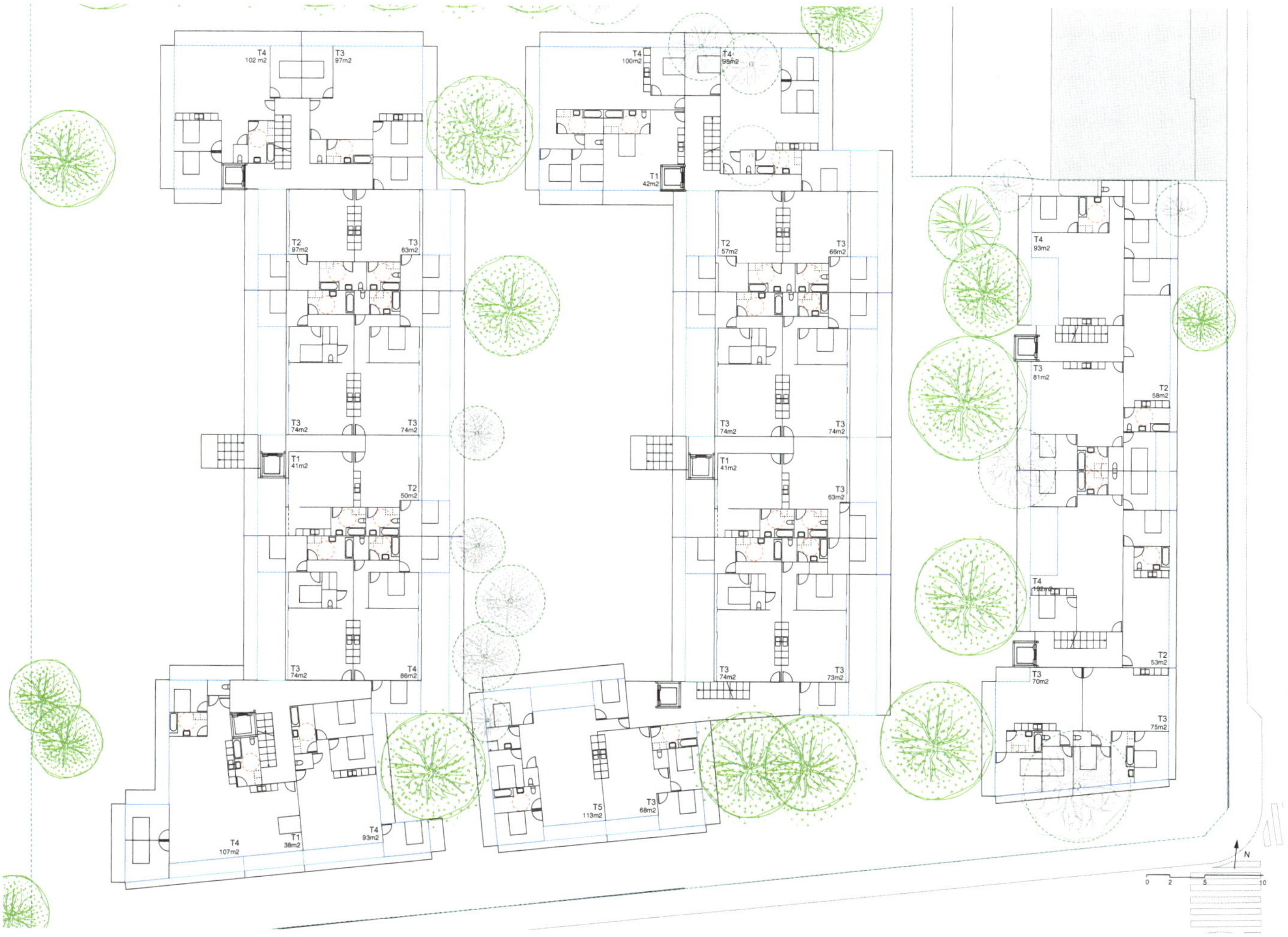

Plantas tercera y cuarta
Third and fourth floors

transformation — Bellevue district, Boulogne-Billancourt

Transformación de una torre de viviendas, La Chesnaie, Saint-Nazaire

2014, 2016

El barrio de La Chesnaie, símbolo del urbanismo de la década de 1960, se enmarca en un proyecto de renovación urbana. Lamentablemente, ya se han demolido cuatro torres de 60 viviendas sociales cada una.

En este contexto, la transformación de la torre de diez plantas propone un cambio de estrategia: frente a la demolición, reutilizar, transformar, densificar a partir de los valores y los volúmenes existentes.

La transformación empieza desde el interior con el fin de mejorar el espacio de cada vivienda: el cuarto de baño de 3 m² se traslada a una habitación de 9 m² con ventana, se construye otra habitación en un añadido construido con una estructura metálica ligera e independiente, así como una galería de dos metros de ancho en fachada, con un balcón de un metro, que conecta la nueva habitación con la sala de estar.

Paralelamente, sobre el aparcamiento en desuso situado en la base de la torre, se construyen 40 viviendas nuevas, adosadas a las fachadas laterales.

Transformation of a residential tower, La Chesnaie, Saint-Nazaire

2014, 2016

The district in question, typical of 1960s city planning, is part of an urban rennovation planning. Four large towers, each holding 60 social-housing units, were unfortunately already demolished.

In this context, the proposed transformation of the ten-storey tower sought to instigate a change in strategy: rather than demolishing, the project suggested the possibility of re-using, transforming and densifying, on the basis of the tower's existing qualities and capabilities.

The transformation proceeded from the inside, to upgrade the space in each unit. The 3 m² bathroom was moved into the space previously taken up by a 9 m² bedroom, with a window; in turn, a new bedroom was created via an extension, within an independent light metal structure; and a two-metre wide winter garden was added in front of the façade, with a one-metre balcony connecting the new bedroom to the living room.

Meanwhile, 40 new units were built upon the unused carpark at the foot of the tower, leaning against and merging with the transformed tower, thereby forming a new building with 80 high-quality units.

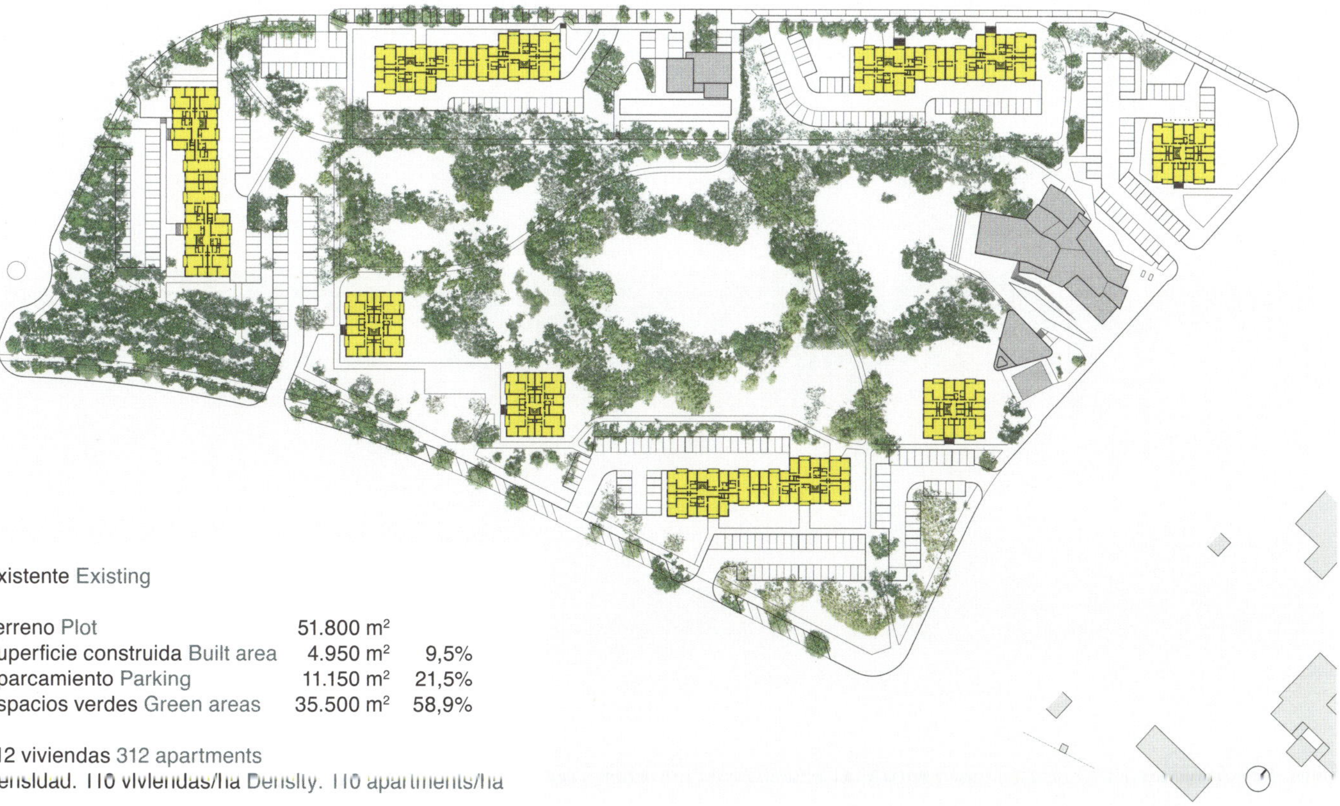

Existente Existing

Terreno Plot	51.800 m²	
Superficie construida Built area	4.950 m²	9,5%
Aparcamiento Parking	11.150 m²	21,5%
Espacios verdes Green areas	35.500 m²	58,9%

312 viviendas 312 apartments
Densidad. 110 viviendas/ha Density. 110 apartments/ha

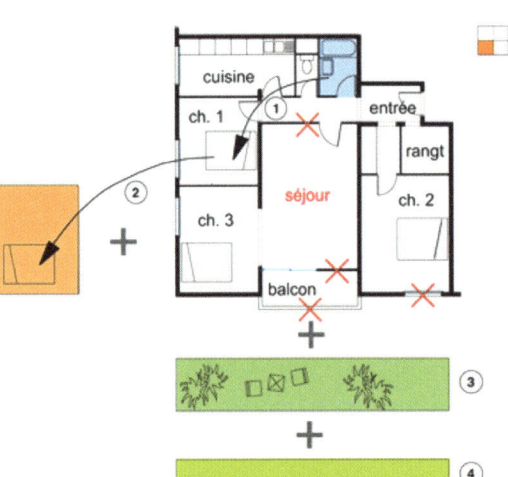
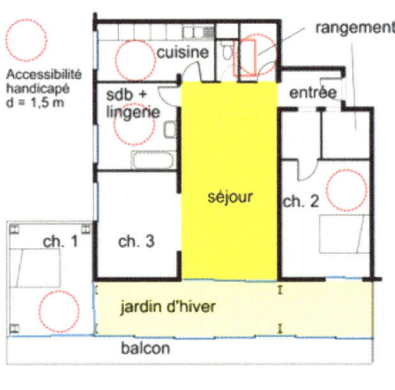

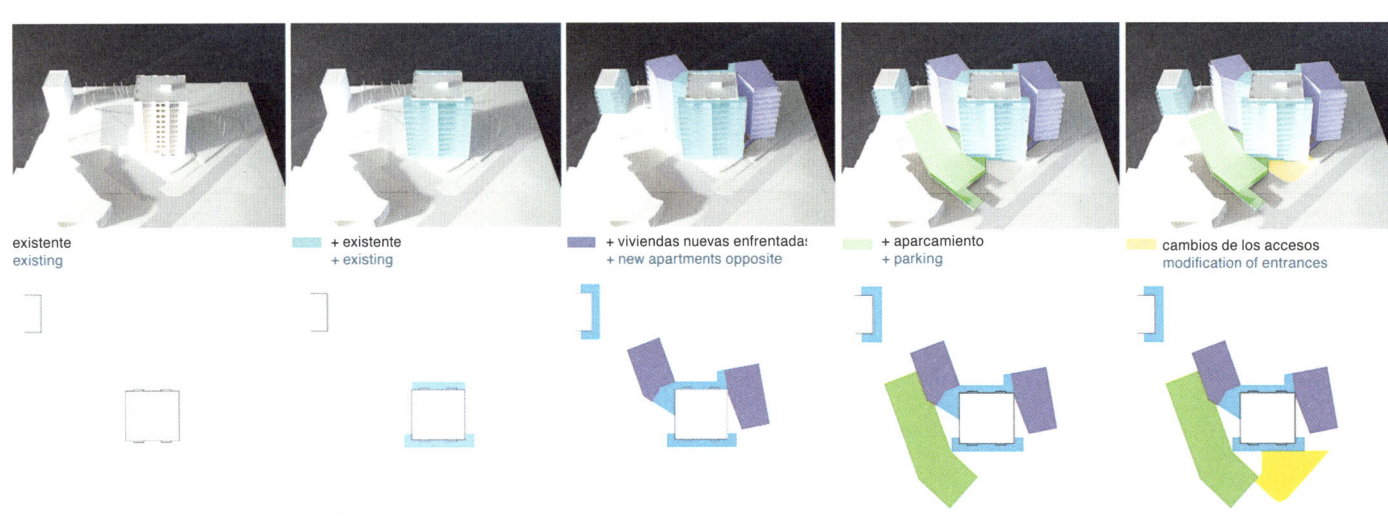

118   transformación — Transformación de una torre de viviendas, La Chesnaie, Saint-Nazaire

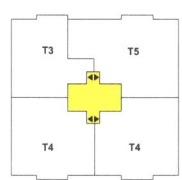
Planta tipo existente
Existing typical floorplan

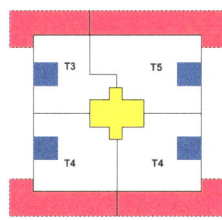
Planta tipo: ampliación
Typical floorplan: extension

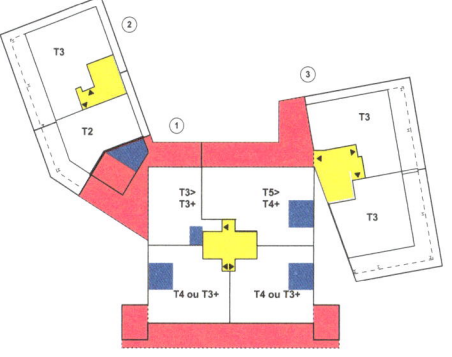
Planta tipo: proyecto: viviendas transformadas + nuevas
Typical floorplan: transformed + new apartments

Terreno Plot	51 800 m²		
Superficie construida Built area	4 950 m²	45%	
Aparcamiento Parking	11 150 m²		
Espacios verdes Green areas	35 500 m²	50%	

570 viviendas 570 apartments

Ampliación Extension

Ampliación Extension

122 transformación — Transformación de una torre de viviendas, La Chesnaie, Saint-Nazaire

Nuevo edificio New building

Nuevo edificio New building

transformation — Transformation of a residential tower, La Chesnaie, Saint-Nazaire 123

FRAC, Dunkerque
2013-2015

El nuevo FRAC de la Región Norte ocupa un antiguo almacén de barcos, el Halle AP2, el único que quedaba en el enorme astillero del puerto de Dunkerque a modo de objeto singular y simbólico.

El proyecto crea un doble del edificio en el lado norte que mira al mar, de la misma dimensión, adosado al edificio existente para albergar el programa del FRAC.

Bajo una envolvente ligera, transparente y bioclimática, una eficaz estructura prefabricada conforma unas plataformas libres, flexibles y transformables con pocas limitaciones para las salas de exposición, que se cierran con vidrio transparente y con paredes opacas en el caso de los almacenes de obras de arte. La doble envolvente crea un gran espacio climático intermedio, muy luminoso, que sirve a modo de circulación o de mirador.

El edificio antiguo seguirá siendo un espacio completamente libre, un espacio extra que puede funcionar tanto para exposiciones temporales como para la creación de obras a gran escala o grandes actividades públicas.

FRAC, Dunkirk
2013-2015

The new FRAC of the North Region was to be installed in an old boat warehouse called Halle AP2. This is the only remaining warehouse in Dunkirk port's huge shipyard, making it a truly unique and symbolic object.

The project entails creating a duplicate of the Halle, in the same dimensions. This duplicate is attached to the existing building, on the sea-facing north side, to contain the FRAC's programme. The new building offers a delicate juxtaposition.

Under a lightweight, transparent and bioclimatic envelope, a prefabricated and efficient structure determines free, flexible and evolutionary platforms, with few constraints, for the exhibition rooms. They are enclosed by transparent glass, while the artwork reserves are enclosed by opaque walls. The double-envelope creates a large intermediate climatic space, itself highly luminous, to be used for circulation or as a belvedere.

The Halle AP2 will remain a completely available space. It is an extra space which can be used either for exceptional temporary exhibitions, for creating large-scale works, or for extensive public events.

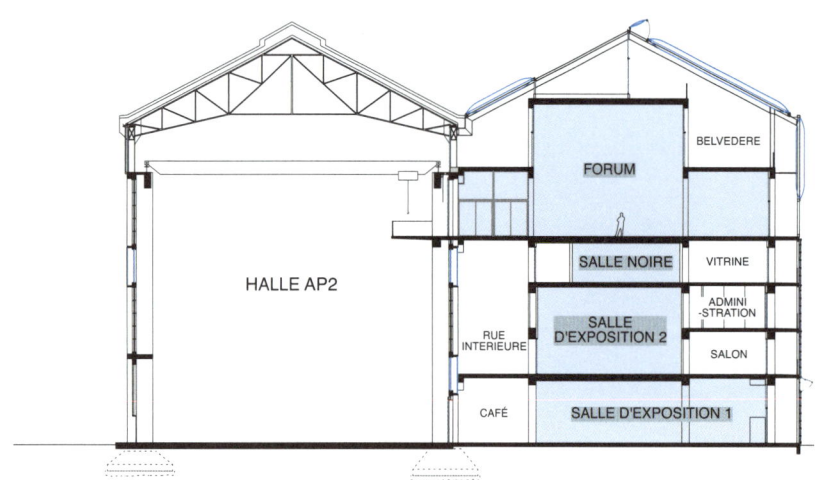

transformation — FRAC, Dunkirk

130 transformación — FRAC, Dunkerque

transformation — FRAC, Dunkirk

Cité du Grand Parc, transformación de 530 viviendas, Burdeos

2016

Construida a principios de la década de 1960, la Cité du Grand Parc, cercana al centro de Burdeos, cuenta con más de 4.000 viviendas, la mayoría de ellas sociales.

Un añadido de cuatro metros de anchura adosado a la fachada principal proporciona a cada vivienda una galería y un balcón, más luz natural, un uso más fluido, más vistas y un espacio extra para vivir. Las ventanas existentes se sustituyeron por grandes puertas correderas de vidrio que conectan la galería con todas las estancias de la vivienda.

La transformación ha mejorado significativamente el confort térmico de forma pasiva, en particular mediante las galerías añadidas que conforman un espacio de amortiguación térmica en invierno y una terraza-logia en verano. El consumo de calefacción se ha reducido en un 60 %.

Se han realizado intervenciones de mejora interior, y se han reformado los ascensores y los vestíbulos de acceso.

Durante las obras, todas las viviendas estuvieron ocupadas por sus habitantes, quienes se involucraron en un proceso participativo adaptado a la situación.

Cité du Grand Parc, transformation of 530 dwellings, Bordeaux

2016

Built in the early 1960s, the Cité du Grand Parc, near Bordeaux's city centre, has more than 4,000 dwellings, most of them social housing.

A four-metre extension, built in front of the main façade, gives each apartment a winter garden and a balcony, providing more natural light, greater fluidity of use, better views and an additional living space. The existing windows are replaced by large glass sliding doors, connecting every room of the dwelling to the winter garden.

The transformation has significantly improved thermal comfort, in a passive way: most notably, the new winter gardens form a thermal buffer space in winter, and a terrace-loggia in summer. As a result, heating consumption has fallen by 60%.

There have also been other interior improvements, as well as new elevators and a reconfiguration of the access halls.

Throughout the works, all the dwellings remained occupied by their inhabitants, as part of a participatory process that was adapted to fit the situation.

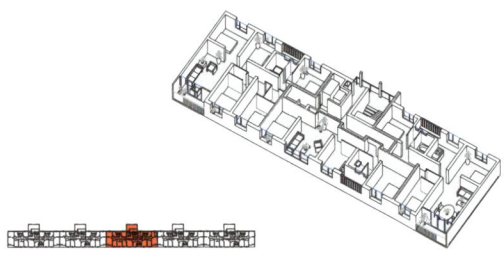
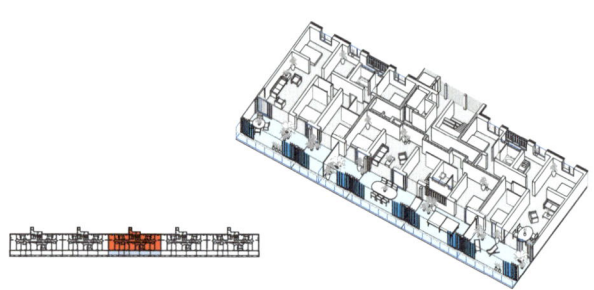

Existente
Existing

Proyecto
Project

Edificios H e I
Buildings H & I

Existente
Existing

balcón sala de estar   habitación
balcony living room   room

vivienda con ventilación cruzada apartment with cross ventilation

Transformación
Transformation

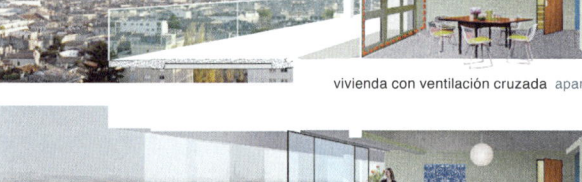
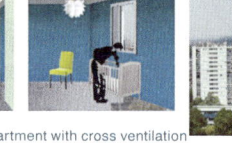

vivienda con ventilación cruzada apartment with cross ventilation

Proyecto final
Final project

balcón galería   sala de estar   habitación
balcony winter garden living room   room

vivienda con ventilación cruzada apartment with cross ventilation

transformación — Cité du Grand Parc, transformación de 530 viviendas, Burdeos

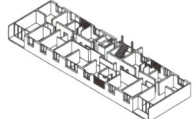 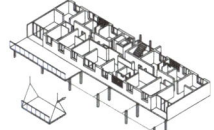 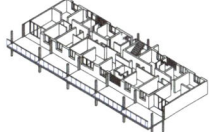 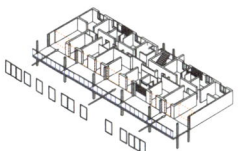 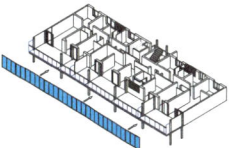 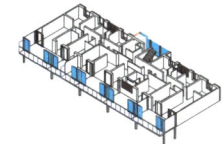

1 Existente
1 Existing

2 Colocación de los módulos de ampliación
2 Placement of enlargement modules

3 Colocación de los pies derechos
3 Post placement

4 Apertura de los antepechos y colocación de los ventanales
4 Ledge openings and window placement

5 Colocación de los cerramientos de las galerías
5 Placement of winter garden enclosures

6 Estado final
6 Final state

transformation — Cité du Grand Parc, transformation of 530 Dwellings, Bordeaux 135

Nuevo ático New penthouse

Vivienda renovada Renovated apartment

Espacio existente Existing space

transformation — Cité du Grand Parc, transformation of 530 Dwellings, Bordeaux   137

Campus escolar Altona, Hamburgo
2017

Este conjunto escolar conforma una gran manzana que ya contiene una guardería y otros edificios escolares o deportivos, en gran parte abandonados, todo ello integrado en un conjunto vegetal muy denso, una especie de parque, que ofrece un ambiente muy agradable.

Estas condiciones existentes nos parecen inestimables para mantener la calidad y la densidad vegetal que tanto tiempo ha tardado en crecer y que brinda un ambiente y un confort climático innegable, que rápidamente es visible y eficaz.

El proyecto propuesto se dispone en el emplazamiento conservando todo su valor, carácter y elementos, integrándolos en el concepto del proyecto. Se mantienen todos los árboles y el suelo vegetal; se conservan y rehabilitan los edificios existentes aún en buen estado, y se construyen los edificios nuevos y las zonas de juego requeridos por el programa en los terrenos que ocupan los edificios antiguos en mal estado.

Construir con lo existente y sus valores, hacer perdurar lo que existe y que tiene valor es un planteamiento elemental de sostenibilidad, durabilidad y sentido común.

School campus, Hamburg Altona
2017

The project was to create a school campus, on a large city block that already contained a preschool and other largely disused school or sports buildings. All of this was integrated into an area with dense vegetation, essentially a kind of park, making it a very pleasant environment to be in.

These existing conditions struck us as precious, as something to be protected: the quality and density of the plant life took so long to build up, and it offers an undeniably inviting and comfortable atmosphere, which is immediately perceptible and productive.

The proposed project thus settles on the site while conserving all of its qualities, character and components, merging them into the design. All the trees are to be preserved, as well as the plant ground cover; all existing buildings in a good state are to be saved and renovated; and new buildings and play areas, as required by the brief, are to be built on the sites of former buildings.

Making do with the existing and its qualities, extending the life of what's already there and has value, is a fundamental approach to ecology, sustainability and common sense.

Ambiente del parque en el centro urbano
Park atmosphere in the city centre

Agradable sendero entre árboles y arbustos
Pleasant path among trees and shrubs

Edificios integrados en la vegetación
Buildings integrated into the greenery

Esquemas de la parcela
Site diagrams

Terreno Terrain	28.500 m²
Suelo natural y vegetal Natural and green ground	10.730 m²
	= 38%

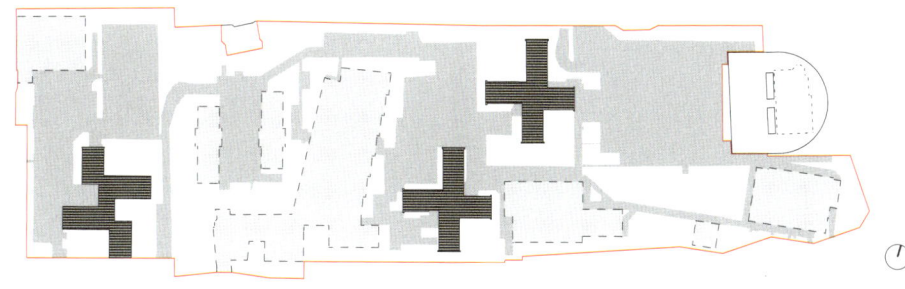

Suelo natural y vegetal Natural and green ground	10.730 m²
Árboles Trees	185
Zona de influencia de los árboles Area affected by trees	

Terreno Terrain	28.500 m²
Suelo pavimentado e impermeable Built and sealed ground	17.770 m²
	= 62%

Edificios conservados
Conserved buildings

Antiguos edificios del emplazamiento
Former site buildings

Suelos pavimentados
(acceso a los edificios y zonas de juegos)
Paved grounds
(access to buildings and playgrounds)

Objetivos para un concepto sostenible
Objetives for a sustainable concept

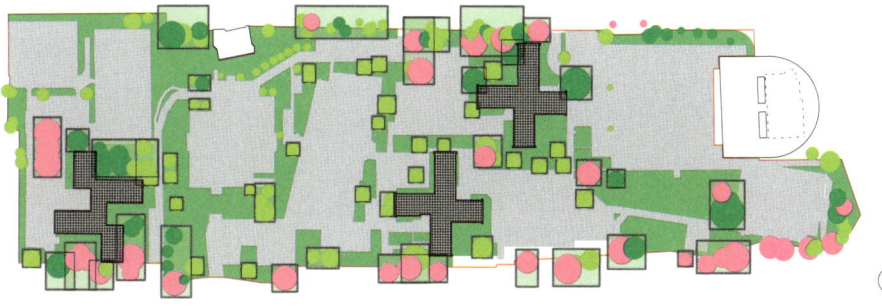

Todos los árboles y los espacios verdes se conservan; calidad bioclimática, atmósfera de parque.
Se conservan e integran los edificios existentes, conectados con los nuevos.
La nueva construcción que requiere el programa se construirá exclusivamente sobre las superficies impermeables. Las partes que no se utilicen se devolverán como terreno natural y zona verde.

All trees and green spaces are preserved; bioclimatic quality, park atmosphere.
Existing buildings are preserved and integrated, connected with the new ones.
The new construction required by the brief will be built exclusively on the sealed surfaces. The unused sealed ground will return to natural ground and green areas.

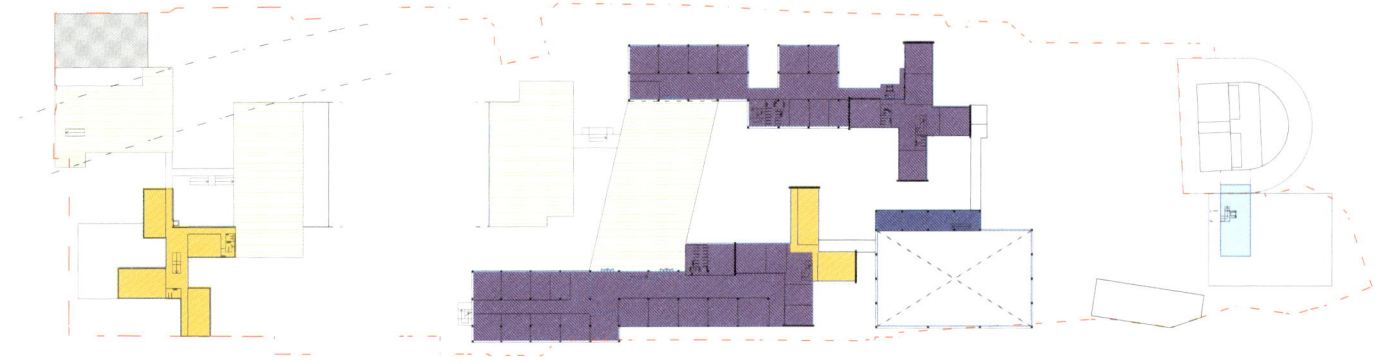

Planta segunda
Second floor

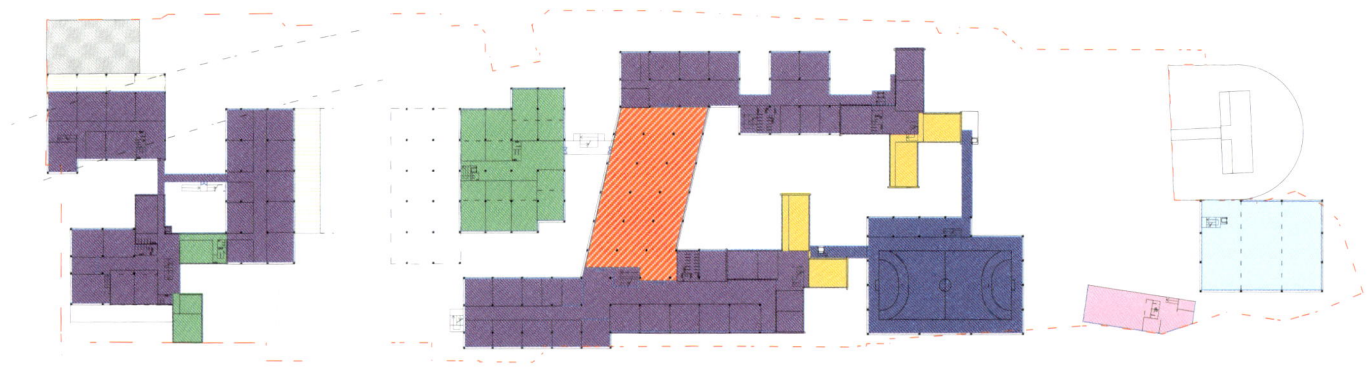

Planta primera
First floor

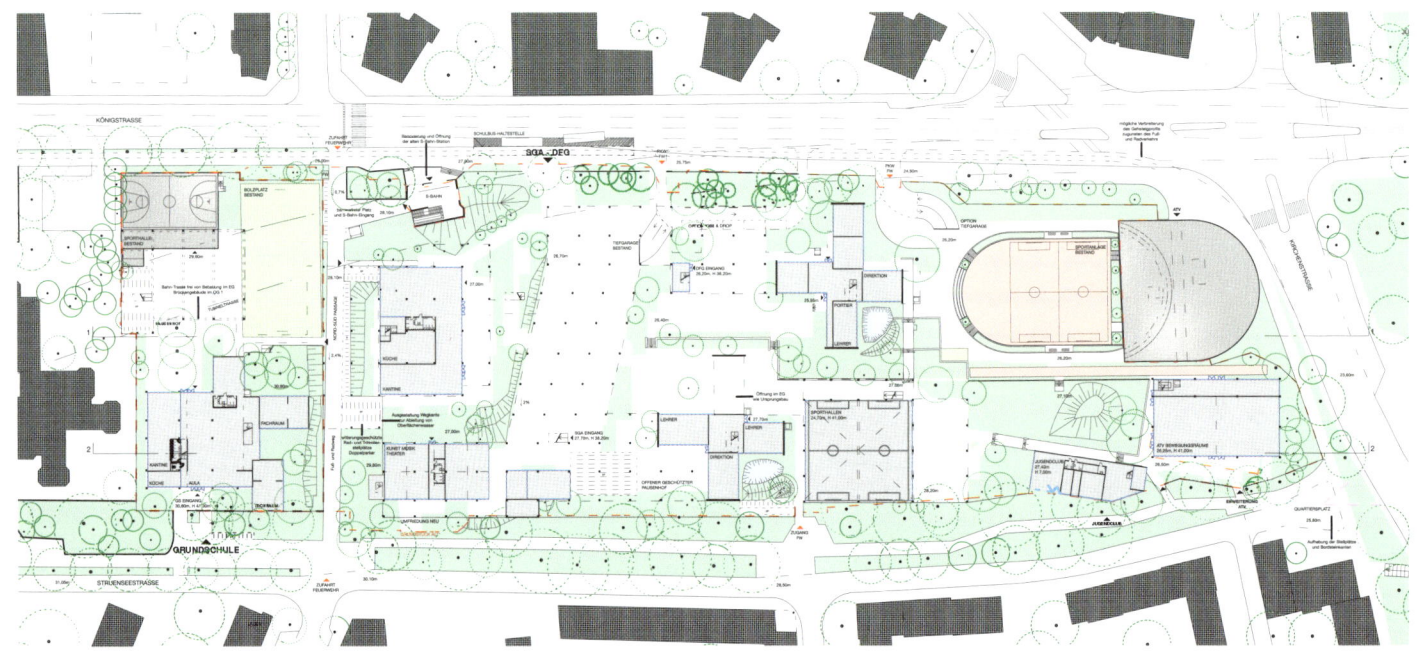

Planta baja
Ground floor

140   transformación — Campus escolar Altona, Hamburgo

Integración de los nuevos edificios con los existentes y la topografía del terreno, una vez tratada.
Integration of the new buildings with the existing ones and the land topography, once treated.

Suelo pavimentado existente; vegetación frondosa desde el momento mismo del fin de la construcción.
Existing sealed ground; dense vegetation as soon as the construction is completed.

Los nuevos edificios integran los árboles; las fachadas, abiertas a la luz y el aire, permiten disfrutar del entorno verde.
The new buildings integrate the trees; the façades are open to the light and the air, for greater enjoyment of the green environment.

transformation — School campus, Hamburg Altona

Espacios subterráneos, La Défense, París
2020

Bajo la plaza del distrito financiero de La Défense, en París, se encuentra un espacio subterráneo invisible de 16.000 m² y 350 metros de longitud, formado por los túneles entre los trenes, metros y autopistas, y el terreno.

El proyecto propone desplegarse sobre toda la superficie disponible para crear rápidamente el máximo volumen, en lugar de presentar una primera fase limitada. El espacio se dedicará a actividades efímeras de carácter cultural, artístico y creativo: grandes exposiciones temporales, espectáculos musicales, espacios de bienestar, baños, deportes de interior. Cinco patios de 8 × 8 m, repartidos de forma regular, perforan el suelo y muestran la profundidad de los espacios creando el dispositivo mínimo que permite el acceso al público, al tiempo que solucionan las restricciones técnicas y de seguridad que supone el soterramiento, sin por ello tener un impacto en el espacio.

Las intervenciones que se realizan son concretas, precisas y mínimas para mantener al máximo el volumen y la flexibilidad, para mostrar al público, de manera inmediata, todos los espacios.

Underground spaces, La Défense, Paris
2020

Beneath the esplanade of La Défense business district in Paris, there is an invisible underground space. It spans 16,000 m² and is 350 m long, formed by tunnels (train, metro, highway) and the ground.

The proposal suggests using all of the available surface area, rather than having a preliminary phase that is limited in size, to create the maximum capacity directly. The space will host a programme of temporary cultural, artistic and creative events: large-scale seasonal exhibitions, musical creation, as well as a space for wellbeing, baths and indoor sports.

Five 8 × 8 m patios, evenly spaced out, break up the esplanade and reach down to the depths. They create the minimum setup to enable public access, while also meeting the technical and security restrictions relating to landfill, without impacting the space's character.

The interventions are targeted, precise and minimal. This way, its maximum capacity and flexibility can be preserved, and the public can immediately appreciate the whole space.

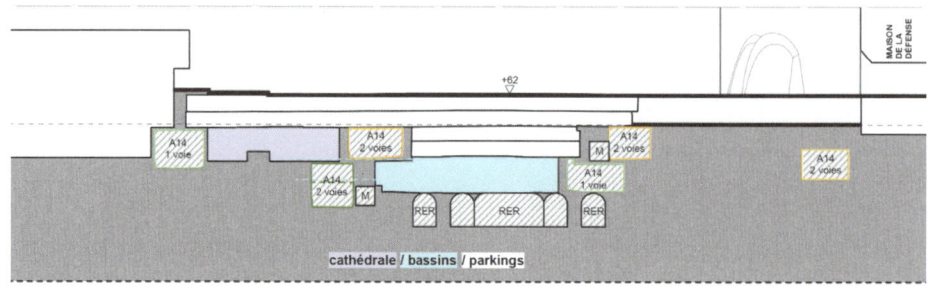

1   Sección transversal (catedral, cuenca, aparcamiento)
    Cross-section (cathedral, basin, parking)

Espacios existentes
Existing spaces

© Adrien Teurlais

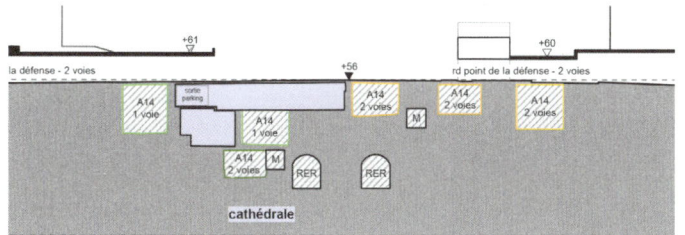

2 Sección transversal (catedral)
Cross-section (cathedral)

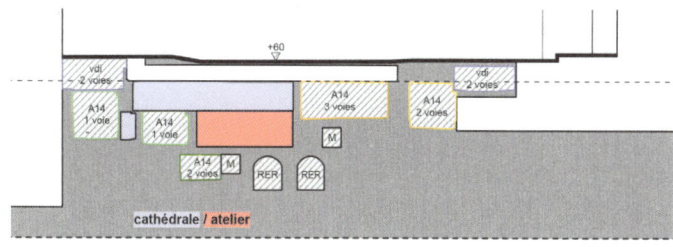

3 Sección transversal (catedral, taller)
Cross-section (cathedral, workshop)

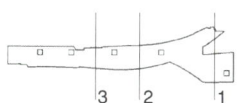

Espacios existentes disponibles
Available existing spaces

Proyecto: espacios existentes activados
Project: activated existing spaces

Maag Areal, Zúrich
2020

Maag Areal, una zona situada cerca de la estación Hardbrücke, en Zúrich oeste, se caracteriza por proyectos y ocupaciones emblemáticos: la torre Swiss Prime, de reciente construcción; el edificio catalogado de la fábrica Maag K, de 1941, edificio que debe preservarse; y unas naves industriales de 1968, las últimas de un gran polígono industrial que alberga el Maag Music Hall y temporalmente la orquesta filarmónica. La rica ocupación actual tiene relación con la historia de la ciudad, con los usos, las costumbres y placeres de sus habitantes. Los puntos destacables de la zona son las plantas bajas, las calles, la naturaleza urbana, la vida, la memoria y los recuerdos, junto con la adaptación a lo largo del tiempo.

El concurso consistía en la construcción de un nuevo programa de actividades, oficinas y viviendas en el lugar de las naves, que debían demolerse, y en el renovado edificio K.

Arrancar desde el suelo vacío sería una gran pérdida, en todos los aspectos.

El proyecto propone trabajar con el lugar existente tal cual está, sin demoler, reutilizando todo su potencial y sus capacidades, preservando así el mismo proceso de evolución. Al añadir y superponer capas, trataremos de mejorar las condiciones del nuevo programa de actividades, oficinas y viviendas.

Se conservan todos los edificios existentes (no solo el edificio K), y se construyen unos nuevos para oficinas y 165 viviendas sobre ellos, en el límite de la parcela, con un mínimo impacto sobre estos. Los nuevos edificios, con una estructura flexible y abierta, se construyen sobre los sólidos cimientos existentes que serán reforzados.

A 10,5 metros de altura, en la cubierta del edificio existente, habrá un nuevo jardín público al aire libre, con invernaderos y un bosque urbano, conectado con el terreno mediante una rampa de suave pendiente. En la parte inferior, los edificios conservarán su actividad de salas de conciertos o serán reprogramadas para nuevos usos públicos.

Maag Areal, vista aérea, hacia 1927. Foto: BAZ
Maag Areal, aerial view, c. 1927. Photo: BAZ

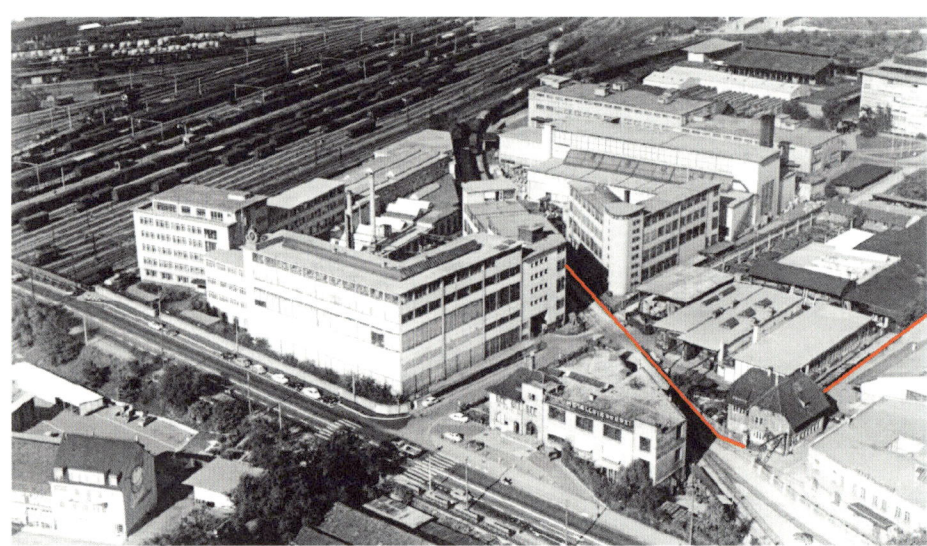

Maag Areal, vista aérea, hacia 1955. Foto: BAZ
Maag Areal, aerial view, c. 1955. Photo: BAZ

Maag-Zahnräder AG, 1990. Foto: BAZ
Maag-Zahnräder AG, 1990. Photo: BAZ

Maag Areal, Zurich
2020

The site of Maag Areal, close to the Hardbrücke station in Zurich West, is marked by emblematic projects and occupations: the recently-built Swiss Prime tower; the Maag factory's K building of 1941, which is listed and to be preserved; the industrial halls of 1968, the last ones in a large industrial area, home to the Maag Music Hall and temporarily the Philharmonic Orchestra. The richness of the current occupation is linked to the history of the city, and its inhabitants' uses, habits and pleasures. The site's strong value stems from the surrounding ground floor space, the streets around it, the urban nature, what's already living there, the memory, the souvenirs.

The competition brief is to build a new programme of activities, offices and apartments on the site of the demolished halls, and in the renovated K building.

Starting from scratch, from cleared ground, would be such a big loss. In all aspects.

The project proposes working with the existing site, as it is, with no demolitions. It suggests re-using all its potential and capacities, to continue with the same process of evolution, by adding and superimposing further layers. The aim is to achieve, in the best possible conditions, this new programme of activities, offices and housing.

All existing buildings are kept (not only the K building), and new buildings are constructed, above the existing ones, for offices and 165 apartments. They are on the edges of the plot, with minimum impact on what's already there. Made of a flexible and open structure, they are built upon the strong existing foundations that are to be reinforced.

On the roof of the existing building, 10.5 metres high, a new open-air public garden (with greenhouses and an urban forest) will be created, which links to the ground via a gently sloping ramp. Below, the halls will continue to host concerts, or else be re-programmed for new public uses.

Actividades culturales del Maag Music Hall, la sala de conciertos Tonhalle y el club Harterei.
Cultural events at Maag Music Hall, Tornhalle concert hall and Harterei club.

Maag Music Hall en 2007.
Maag Music Hall in 2007.

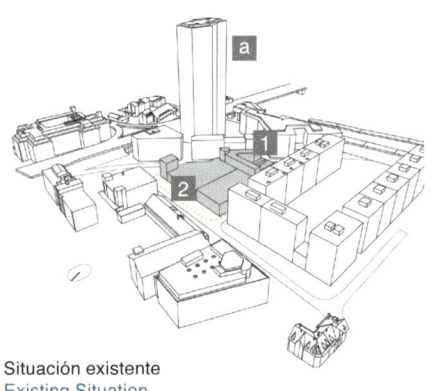

Situación existente
Existing Situation

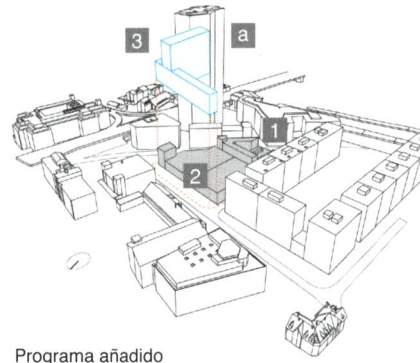

Programa añadido
y cualidades mejoradas
Added programme and enhanced qualities

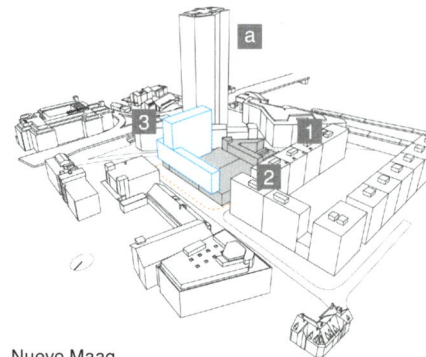

Nuevo Maag
New Maag

1 Edificio K
   K building
2 Naves
   Halls
3 Nuevos edificios
   New Buildings
a Torre Swiss Prime
   Swiss Prime Tower

Estrategias de proyecto
Project strategies

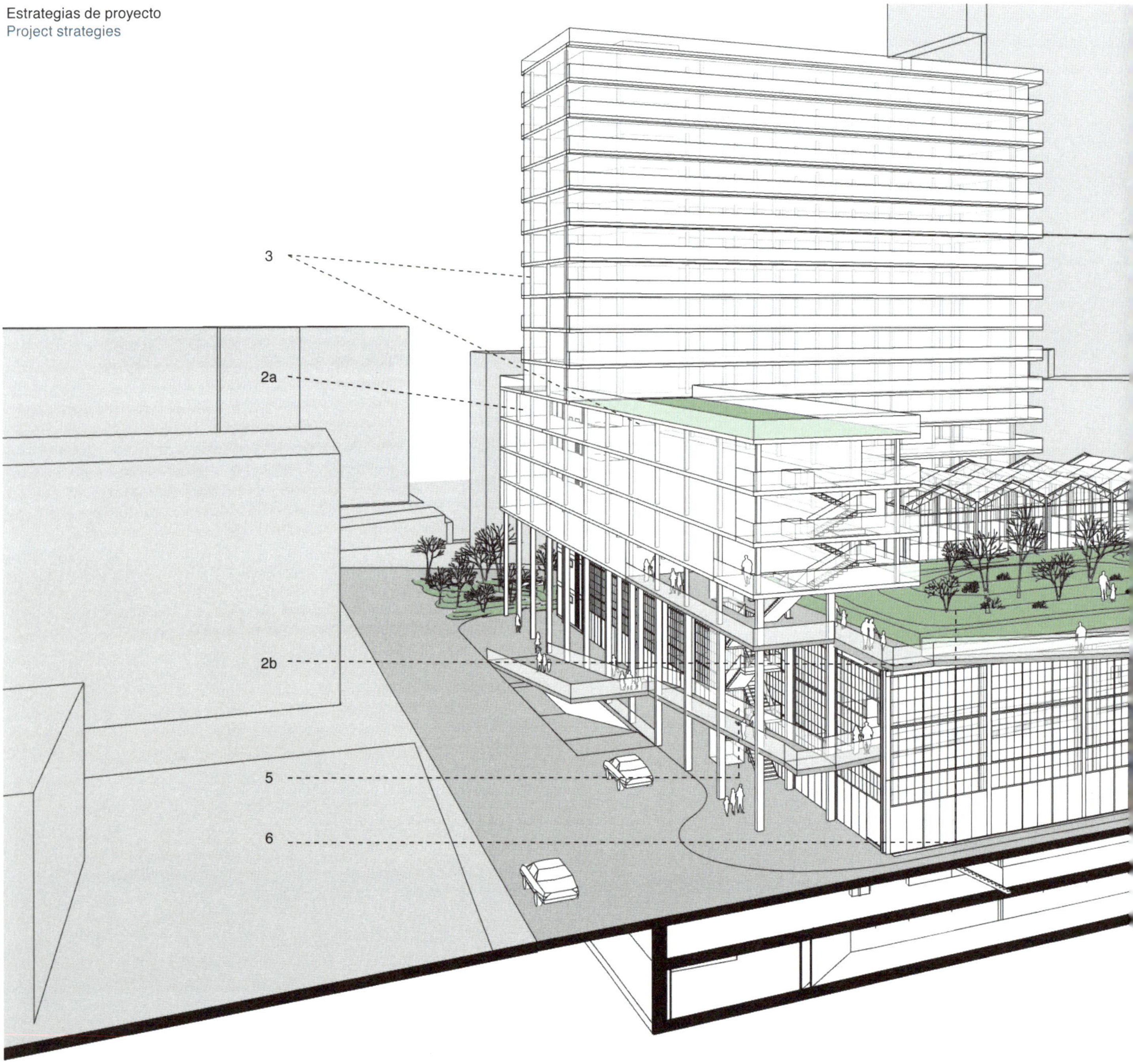

A	Torre Swiss Prime	
1	Edificio K (edificio patrimonial catalogado) – Conservado y renovado. – Usos a escala del barrio cultural.	
2	Edificios conservados – Edificio de administración integrado en la nueva construcción: oficinas y acceso a las viviendas (2a). – Naves. Actividades existentes y usos reprogramados (2b).	
3	Nuevos edificios: viviendas y oficinas encima de las naves existentes (+10,50 m) – Ubicados en el límite del emplazamiento. – El mínimo impacto posible en el volumen existente. – Máximo asoleo, vistas ininterrumpidas. – Entornos de vivienda y oficinas eficientes, flexibles y adaptables. – Mínima sombra arrojada sobre los edificios vecinos.	
4	Sótanos conservados – Se mantiene la capacidad del aparcamiento y los espacios técnicos. – Se apura al máximo la capacidad de carga.	
5	Rampa peatonal pública – Conecta en nivel 0 con el +10,50 m (cubierta ajardinada).	
6	Gran espacio verde público sobre la cubierta de las naves – De fácil acceso mediante rampas y ascensores.	
7	Espacio libre exterior – Mejora de la calidad del espacio exterior mediante nuevas plantaciones.	
8	Pasaje público – Conexión a pie con el barrio.	

- A Swiss Prime Tower
- 1 K building (heritage listed building)
  – Preserved and renovated.
  – Small-scale uses of the cultural quarter.
- 2 Preserved buildings
  – Administration building integrated into the new construction: offices and apartment access (2a).
  – Halls. Existing activities or reprogrammed uses (2b).
- 3 New buildings: housing and offices above the existing halls (+10.5 m)
  – Placed on the edge of the site.
  – Minimum impact on the existing volume.
  – Maximum sun exposure, unobstructed views.
  – Efficient, evolving and adaptable living and working environments.
  – Minimal shade cast upon neighbouring buildings.
- 4 Preserved basements
  – Maintaining the parking capacity and technical spaces.
  – Making the most of the existing bearing capacity.
- 5 Public pedestrian ramp
  – Linking floor 0 with the +10.5 level (roof garden).
- 6 Extensive public green space on the halls' roof
  – Easily accessible via a ramp and lifts.
- 7 Outdoor free space
  – Improving the public outdoor space with newly planted areas.
- 8 Public passage
  – Public footpath to the neighbourhood.

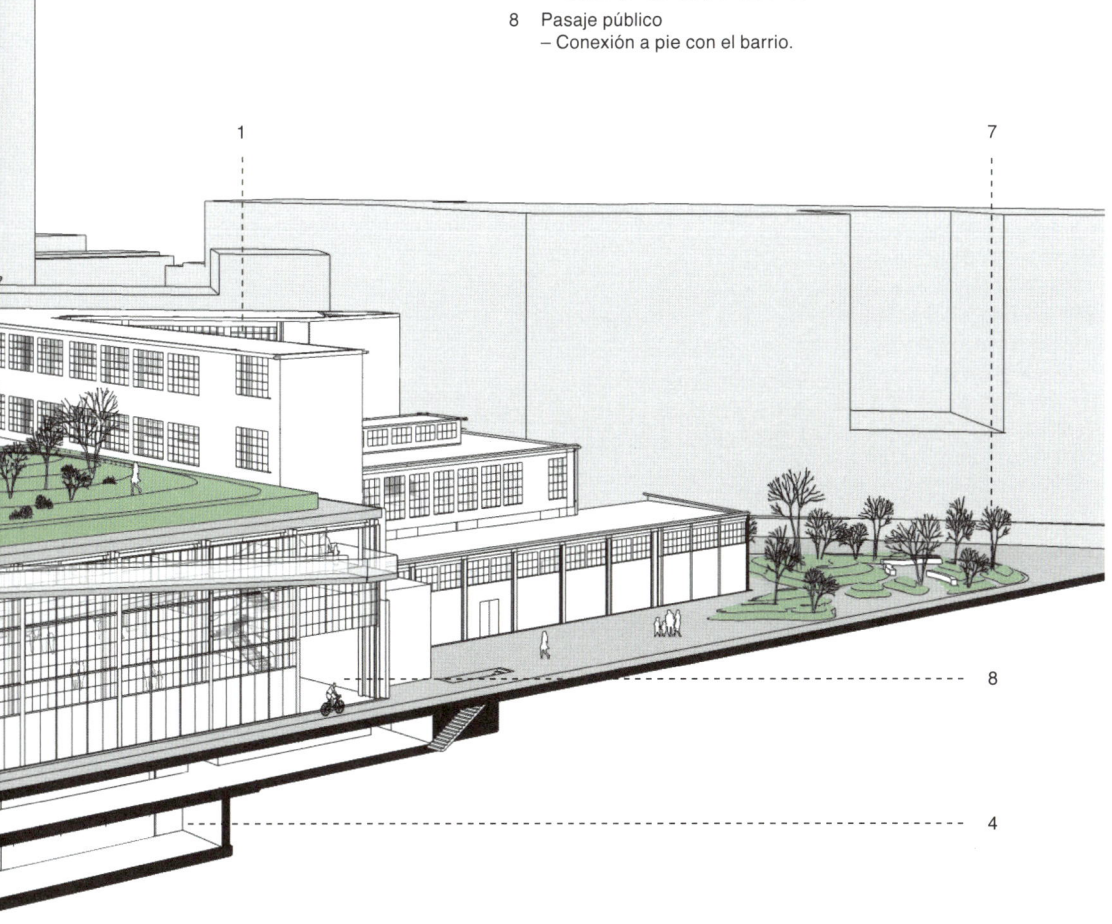

transformation — Maag Areal, Zurich

1 Edificio K (edificio patrimonial catalogado)
  K building (heritage listed building)
2 Edificios conservados
  Preserved buildings
3 Nuevos edificios: viviendas y oficinas
  New buildings: housing and offices
4 Sótanos conservados
  Preserved basements
5 Rampa peatonal pública
  Public pedestrian ramp
6 Gran espacio verde público sobre la cubierta de las naves
  Extensive public green space on the halls' roof
7 Espacio libre exterior
  Outdoor free space
8 Pasaje público
  Public passage

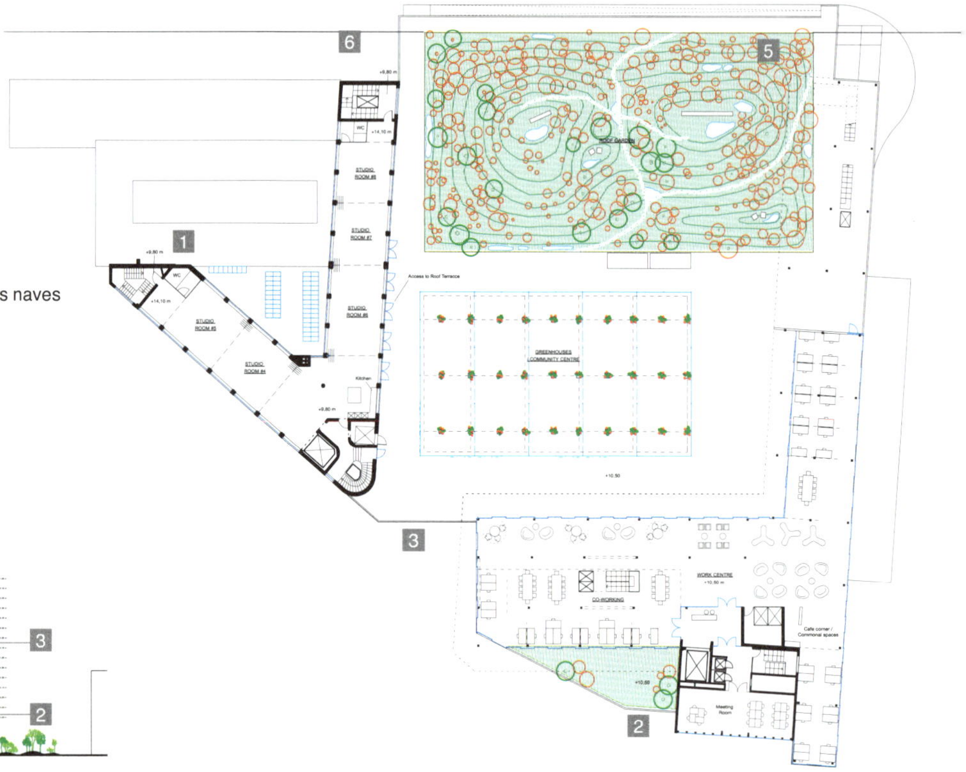

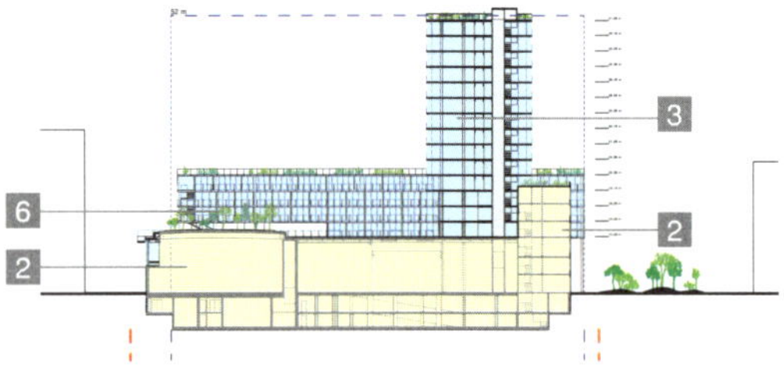

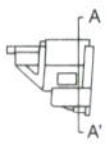

Edificios existentes Existing buildings
Nueva construcción New construction

Planta +10,50 m
+10,5 m floorplan

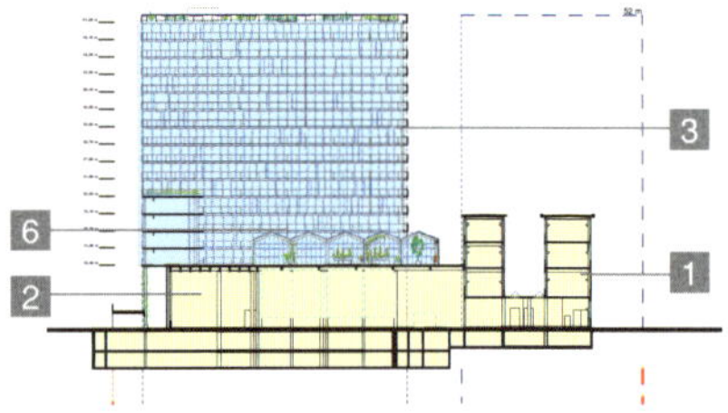

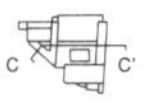

Edificios existentes Existing buildings
Nueva construcción New construction

Planta baja
Ground floor

150   transformación — Maag Areal, Zúrich

transformation — Maag Areal, Zurich

152   transformación — Maag Areal, Zúrich

transformation — Maag Areal, Zurich

habiter

habiter

Habiter nos remite al placer, a la generosidad, a la libertad de ocupar un espacio. Independientemente de su funcionalidad y de su uso.
Ello cuestiona las posibilidades, las cualidades y las capacidades del espacio que tenemos a nuestro alrededor.
Concebir la arquitectura a partir de la idea de *habiter* nos devuelve a un construir el espacio desde el interior, y no desde el exterior, como si de un objeto se tratara. Construir desde el interior es una intención de precisión, atención y ligereza.

Sea cual sea el programa, el espacio para *habiter* debe ser generoso, confortable, adaptable, flexible, lujoso y asequible. Debe ofrecer al habitante (el usuario en un sentido amplio) la posibilidad de moverse, de apropiarse del espacio; debe dar libertad para poder evolucionar e interpretarse.
Por lo general, el espacio para *habiter* no ofrece esta generosidad. En las ciudades, los estándares de vivienda son demasiado pequeños y restringidos, al igual que los espacios de trabajo. La aplicación estricta de las normativas implica casi siempre construir respondiendo a las superficies mínimas que uniformizan las viviendas, los espacios, las plantas y el confort, o los espacios de oficina estandarizados.
Los programas de equipamientos públicos, escuelas o museos se definen para ajustarse a necesidades mínimas y no ofrecen ningún margen de libertad ni de evolución.

Pensamos que los espacios deben ser lo más grandes posible en todos los proyectos, mucho más grandes de lo establecido o lo programado, para así multiplicar los usos y favorecer su apropiación, crear espacios intermedios entre lo privado y lo colectivo o el público.

Ello significa construir espacios más grandes con el mismo presupuesto que uno estándar.
Construir el doble; es decir, construir, con el mismo presupuesto, un espacio dos veces más grande para crear otras libertades y nuevas maneras de vivir, para relajar las normativas, para regular las limitaciones con generosidad, para eliminar los límites y permitir más usos y dar cabida a la improvisación.
Un espacio amplio es un lujo necesario. Los espacios grandes brindan un sentido vital de libertad. Ampliar no significa derrochar, sino generar espacio y desmarcarse de los modelos que reducen el espacio para vivir y limitan los usos.

En todos nuestros proyectos nos marcamos el objetivo de construir tanto espacio libre como espacio programado. Por otra parte, este espacio no tiene una función definida puesto que está fuera del programa. Se une a los espacios tradicionales o programáticos, y la combinación de ambos crea libertad, permite la apropiación y la creación. En todo caso, el espacio amplía asimismo la capacidad de usos, multiplica los ambientes y las posibilidades. Permite interferencias y conexiones entre el espacio privado y el público, generando lugares de unión y creando relaciones.

Que una escuela sea más amplia permite, por ejemplo, ampliar y diferenciar el espacio de aprendizaje, multiplicar los grupos y las actividades, hacer entrar en la escuela las actividades exteriores y crear escenarios de apertura y diversidad.

Habiter conjures up the pleasure, the generosity, the freedom to occupy a space. Beyond the functional. Whatever the usage.
It queries the possibilities, the qualities and the capacities of the space around us and in front of us.
Designing architecture built on the idea of *habiter* means constructing space from the inside, and not from the outside, like an object.
Constructing from the inside means aiming to act with exactness, attention and lightness.

Whatever the project, the space to be inhabited should be generous, comfortable, adaptable, flexible, luxurious and affordable. It should offer the inhabitant (the user, in a broad sense) the possibility to move about, to make the space their own; it should give the freedom to create possibilities for evolution and interpretation. Generally speaking, spaces for habitation do not offer such generosity. The habitation standards in cities are too small, too restrictive, and the same goes for workspaces. The strict application of norms almost always leads to habitations with minimum surface areas, thereby homogenising dwellings, spaces, floor plans, comfort, as well as standardising office spaces.
Programmes for public facilities, schools, museums, are all strictly defined according to needs, and they offer no margin for freedom and evolution.

In all projects, we believe that it is necessary to create the largest spaces possible, far larger than the norm or programme, in order to multiply usages and encourage appropriation, to create intermediary spaces between private and collective space, or public space.

This means constructing bigger, with the same budget as a standard project. Constructing double means twice the space, with the same budget. The aim is to create other freedoms and new ways of living, to loosen up regulations, to smooth over restrictions with generosity, to eliminate restraints and enable more usages and improvisation.
A generous space is a necessary luxury. Large spaces bring a vital sense of freedom. Enlarging does not mean wasting but inventing of space, and a rejection of standards that reduce living space and limit usages.

For every project, we strive to construct just as much free space as programmed space. This extra space has no defined function. It is out of the programme. It exists in addition to the traditional or programmed spaces, and the combination of the two different spaces generates freedom, it allows for appropriation and creation. In all cases, the extra space expands the capacity for usage, it multiplies atmospheres, possibilities. It permits interferences and connections between private space and public space, creating spaces for mingling. It creates relationships.

In a school, additional space enables the learning space to be extended and differentiated, to multiply groups and activities, to bring outside activities into the school, and to create conditions for openness and diversity.

En un centro de arte o en un museo, el espacio ofrece asimismo lugares de reflexión, mediación y encuentro, y permite desarrollar los usos y las actividades, una serie de usos combinados que pueden dar lugar a situaciones inesperadas. Los edificios de viviendas con espacios interiores más generosos permiten un estilo de vida más holgado: además de las actividades del día a día, se puede trabajar, estudiar, recibir a los amigos o a los compañeros de los hijos. Y todo ello sin sentirse oprimidos, sin molestarse. La vivienda se convierte, pues, en un lugar de relación social que actúa como un espacio común.
Este tipo de vivienda debe ofrecer las mismas facilidades que una villa, una casa con jardín. Para diseñarla, tenemos siempre presente este modelo de villa, que hay que reinventar y desarrollar en un medio denso y colectivo: casas superpuestas con jardín que creen buenas condiciones para *habiter*. Todas ellas deben disponer de un espacio exterior privado —un balcón, una terraza o un invernadero— que ofrezca la posibilidad de vivir fuera sin dejar de estar en casa —como en una vivienda unifamiliar— e interactuar con el entorno.
La idea del lujo se define, pues, en términos de generosidad, libertad de usos y placer.

Construir espacios más generosos crea mejores condiciones para *habiter* en la ciudad. Se trata incluso de una condición de la densificación, que, para ser viable y aceptada, no debe concebirse a costa de la reducción o la compresión del espacio individual, sino al contrario, debe basarse en unas dimensiones más grandes para cada persona. Crear espacios individuales más generosos es primordial para reactivar y revitalizar la vida colectiva, y para encontrar el sentido y el placer de *habiter* en las ciudades.
Esta idea es válida para todos los proyectos nuevos, equipamientos, oficinas y viviendas, pero también para la transformación de edificios existentes que ofrecen la posibilidad —gracias a lo que ya hay— de crear más espacio.

In an art centre or a museum, extra space gives the visitors places for reflection, meditation and meeting up; it allows for the development of usages and events. Combined usages that can generate the unexpected.
In housing units, more generous indoor spaces lead to an expanded lifestyle: on top of making day-to-day life easier, they improve the means to work, study, entertain friends or your children's friends. Without being cramped. Without getting in each other's way. So the housing unit becomes a place for social relationships, while it already acts as a common space.
A housing unit should offer the same facilities as a *villa*, a house surrounded by a garden. When designing housing units, we have always kept in mind this villa model, and it should be reinvented and developed for a dense collective context: superimposed houses, with gardens, to create very fine conditions for *habiter*. All housing units should have a private outdoor space, a balcony, a terrace, a winter garden, which offers, as in a house, the possibility to live outside while being at home, and to live with the climate.
In this respect, the idea of luxury is redefined in terms of generosity, freedom of usage and pleasure.

The construction of more generous spaces creates better conditions for urban *habiter*. It should even be a condition for densification: if individual spaces are to be liveable and embraced, this should not be achieved by reducing or compressing them, but rather by making larger spaces for all individuals. The creation of more generous individual spaces is essential for reactivating and revitalising collective life, and for rediscovering the meaning and pleasure of inhabiting cities. This holds true in all projects for new facilities, offices and dwellings, but also in the transformation of existing buildings, as a way of offering the opportunity, given what is already there, to create more space.

Fotogramas extraídos de las películas realizadas por Karine Dana para el FRAC de Orleans, 2019

Al mirar desde fuera la torre en la que estuvo encerrado hasta los 17 años, Kaspar Hauser exclamó:

¡No puede ser cierto!
Cuando estoy en la habitación, mire donde mire,
de derecha a izquierda, delante y atrás,
solo existe la habitación.
Pero cuando miro la torre y me doy la vuelta, la torre desaparece.
¡La habitación es más grande que la torre!

Werner Herzog,
El enigma de Kaspar Hauser, 1974

La transformación originada por un espacio interior es un fenómeno complejo y apasionante.
En cada uno de nuestros proyectos, intentamos crear espacios de dilatación, de transición, partiendo del interior y creando un estrecho vínculo con el exterior: un escape inesperado hacia el cielo desde la cubierta de una escuela, un cambio repentino en el gran paisaje de Burdeos gracias al deslizamiento de las carpinterías de vidrio de un bloque de viviendas, la apertura sobre un gran espacio después de subir en vertical por una fachada…

Estos momentos de arquitectura realzan lo inmediato, el cambio, una evasión imprevista a partir de una situación envolvente, de interior. Y estos momentos han sido posibles puesto que existen procesos de transformación gracias a la arquitectura. La arquitectura involucra al habitante desde la calle, lo aísla, lo retiene; se abre y se libera cuando desde el interior descubre que existe un contacto impensable con el exterior, un exterior diferente del que cree conocer. La arquitectura permite crear escapes sorprendentes. Transforma la ciudad desde el interior, la amplía, la eleva, la miniaturiza y la extiende.

Este fenómeno de cambio es diferente en cada uno de nuestros proyectos, así como el mecanismo para acceder a él. Cada elemento arquitectónico —la escalera, las correderas, el ascensor, la puerta, así como los adornos y las cosas que hay por ahí en medio— se convierte en un transformador del punto de vista.

Estos espacios de escape generan unos imaginarios muy fuertes. Son portadores de libertad, establecen las condiciones del sueño. Un sueño no es una imagen, sino una situación de cambio profundo entre un antes y un después, entre un espacio previo y otro posterior.

Este enfoque de la construcción del proyecto como una sucesión de secuencias espaciales ligadas íntimamente entre ellas, continuas y discontinuas, horizontales y verticales, luminosas y oscuras, cercanas y lejanas, remite a considerar el proyecto como fragmento.
El fragmento es una manera de pensar el proyecto y de trabajarlo en detalle. Es una forma de resistir a la trampa de la obra, a la trampa de la totalidad y de lo general: escapar de la fijación del movimiento al igual que al rechazo categórico a la composición.

Y, debido a esta manera de desarrollar el pensamiento y la acción, nuestro trabajo establece afinidades con el cine, y, más específicamente, con la construcción cinematográfica. A diferencia del arquitecto, que tradicionalmente concibe un proyecto como un todo antes de definir los detalles que obedecen a una coherencia global, el

Frames extracted from the films directed by Karine Dana for the FRAC in Orléans, France, 2019

As he looked around, outside the tower in which he had been confined until the age of 17, Kaspar Hauser exclaimed:

> This cannot be!
> When I am inside the room, everywhere I look,
> from right to left, ahead and behind, there is only the room.
> But when I look at the tower and then I turn around, the tower is gone.
> So the room is bigger than the tower!
>
> Werner Herzog,
> *The Enigma of Kaspar Hauser* (1974)

The transformation produced by an interior space is a complex and fascinating phenomenon.
In each of our projects, we seek to generate spaces of dilation, of shifting, that start from the inside, in a close relationship with the outside. An unsuspected escape opening up to the sky in a school's rooftop; the sudden shift to an open landscape in Bordeaux, with just the slide of a glass door in a residential block; looking out onto a wide-open sea after a vertical climb up a façade…

These architectural moments are to do with suddenness, reversal, an unforeseen breakout from a situation of enclosure, of being inside. They are made possible because there is a process of transformation through the architecture. This architecture picks the inhabitants up from the street, it isolates them, retains them, unfolds for them and releases them when, from inside, they discover an improbable contact with the outside. An outside different to the one they think they know. Thus, the architecture allows for the creation of fabulous escapes. It allows, from the inside, a city to become transformed, enlarged, elevated, miniaturised, amplified.

In each of our projects, this phenomenon of escaping is different, as well as the system for accessing it. Each architectural element—the staircase, the sliding door, the lift, but also the ornaments, passageways—becomes a transformer of one's outlook.

These spaces for escape produce very strong responses in our imagination. They are bringers of liberty, and they set up the conditions for dreaming. A dream is not an image. It is a situation of deep upheaval between a former state and a present state, between a before-space and an after-space.

Approaching a project's construction like this, as a string of intimately connected spatial sequences, both continuous and discontinuous, horizontal and vertical, bright and dim, close and distant, reflects a way of approaching the project as a fragment. This fragment-like approach is a way of thinking about the project and working on it very close up. It is a way to avoid the trap of the oeuvre, the trap of completeness and genericness: to escape from the freezing of all movement, as well as the categorical refusal of composition.

Through the development of this mode of thinking and doing, our work establishes affinities with film, and more specifically, film construction. Unlike the architect, who traditionally sees the project as a whole before developing smaller details that depend on an overall coherence, the filmmaker, even one who bears in mind an overarching idea for the whole film,

cineasta actúa, incluso si tiene en mente la idea de un conjunto, manipulando fragmentos, planos filmados sucesivamente que yuxtapone, corta, ensambla, contrapone y monta. El espacio cinematográfico está formado por fragmentos ensamblados y unidos entre sí por la acción, el sonido y la trama narrativa. Así actuamos en el momento de concebir nuestros proyectos, como cineastas, construyendo sobre la marcha visiones partiendo de una precisión íntima.

Por ello, el proyecto de arquitectura es una cámara.
Una cámara particular.
Una cámara en la que se entra y sale, en la que nos infiltramos.
Una cámara que crea la metamorfosis.

Para estas películas hemos querido extraer las secuencias de nueve proyectos que explican este cambio formado de fragmentos cinematográficos en el espacio vivido y transitado.

Queremos aislar este fenómeno tan inquietante de cambio a través de la arquitectura.

Queremos mostrar este imaginario aumentado a través de las películas. A través de las palabras queremos expresar aquello que recubren estos fenómenos, intensos al tiempo que liberadores, de apertura, de dilatación y de escape a partir del recorrido del proyecto arquitectónico, desde la ciudad hacia el exterior.

proceeds by manipulating individual fragments, successively filmed shots that they then juxtapose, cut, assemble, contrast, edit. The filmic space is thus made up of assembled fragments that are linked to one another by the action, the sound, the narrative thread. This is how we proceed when designing our projects: we approach them like filmmakers, by gradually constructing broad visions, while working with intimate, pin-point precision.

In this respect, the architectural project is a camera.
A special camera.
A camera into which we enter and exit, a camera which we infiltrate.
A camera that fabricates metamorphosis.

For these films, we wished to single out sequences from about nine of our projects that express this shift, in the form of fragments filmed in the inhabited and traversed space.

We wish to single out this highly unsettling phenomenon of film cuts, through architecture.

Through film, we wish to express this boost to the imagination. Though words, we wish to express what is covered by these phenomena of opening up, of release, of escape, both intense and liberating, through the crossing of an architectural project from the city to the outside.

Casa Latapie Latapie House

Cité Manifeste Cité Manifeste

59 viviendas, jardines Neppert 59 dwellings, Neppert Gardens

They asked us about our trips,

creates an openness in my head as well.

half of the walls

Casa Latapie Latapie House

Cité Manifeste Cité Manifeste

59 viviendas, jardines Neppert 59 dwellings, Neppert Gardens

Those questions slowly led us to imagine something different

no limits

and organised concerts for only 25 people.

Casa Latapie Latapie House

Cité Manifeste Cité Manifeste

59 viviendas, jardines Neppert 59 dwellings, Neppert Gardens

say
ike that,

about things in a new way,

floor
for 3 days.

▶

59 viviendas, jardines Neppert 59 dwellings, Neppert Gardens

Casa Latapie Latapie House

Cité Manifeste Cité Manifeste

59 viviendas, jardines Neppert 59 dwellings, Neppert Gardens

proach.

without set spaces and doors.

Casa Latapie Latapie House

Cité du Grand Parc (ático) Cité du Grand Parc (penthouse)

Cité du Grand Parc (vivienda) Cité du Grand Parc (apartment)

La Chesnaie La Chesnaie

and Parc
ding
oor
aux

we feel the weather,

the plants.

ing on here!

She's on his back.

Cité du Grand Parc (ático) Cité du Grand Parc (penthouse)

Cité du Grand Parc (ático) Cité du Grand Parc (penthouse)

Cité du Grand Parc (vivienda) Cité du Grand Parc (apartment)

La Chesnaie La Chesnaie

s the entire sky.

We have the outdoors right here

La Chesnaie La Chesnaie

Cité du Grand Parc (ático) Cité du Grand Parc (penthouse)

Cité du Grand Parc (vivienda) Cité du Grand Parc (apartment)

La Chesnaie La Chesnaie

ge the layout

an enter,
all of it!

Cité du Grand Parc (ático) Cité du Grand Parc (penthouse)

Cité du Grand Parc (vivienda) Cité du Grand Parc (apartment)

La Chesnaie La Chesnaie

ants.
quickly.

You observe other scenes,

ree.

r garden.

Personally, it helps me escape.

Cité du Grand Parc (vivienda) Cité du Grand Parc (apartment)

FRAC, Dunkerque FRAC, Dunkirk

Facultad de Ciencias de la Gestión de Burdeos Faculty of Management Sciences, Bordeaux

FRAC, Dunkerque FRAC, Dunkirk

Escuela de Arquitectura de Nantes Nantes School of Architecture

Facultad de Ciencias de la Gestión de Burdeos Faculty of Management Sciences, Bordeaux

Facultad de Ciencias de la Gestión de Burdeos Faculty of Management Sciences, Bordeaux

FRAC, Dunkerque FRAC, Dunkirk

Escuela de Arquitectura de Nantes Nantes School of Architecture

Escuela de Arquitectura de Nantes Nantes School of Architecture

Facultad de Ciencias de la Gestión de Burdeos Faculty of Management Sciences, Bordeaux

FRAC, Dunkerque FRAC, Dunkirk

Escuela de Arquitectura de Nantes Nantes School of Architecture

Facultad de Ciencias de la Gestión de Burdeos   Faculty of Management Sciences, Bordeaux

FRAC, Dunkerque   FRAC, Dunkirk

Escuela de Arquitectura de Nantes   Nantes School of Architecture

Publicado por Published by
Verlag der Buchhandlung Walther und Franz König
Ehrenstrasse 4
D-50672 Colonia, Alemania Cologne, Germany
verlag@buchhandlung-walther-koenig.de

Información bibliográfica publicada por la Deutsche Nationalbibliothek. La Deutsche Nationalbibliothek incluye esta publicación en la Deutsche Nationalbibliographie; datos bibliográficos detallados están disponibles en línea en http://dnb.d-nd.de.

Bibliographical information published by the Deutsche Nationalbibliothek. The Deutsche Nationalbibliothek lists this publication in the Deutsche Nationalbibliographie; detailed bibliographic data are available online at http://dnb.d-nd.de.

Editado por Edited by
Moisés Puente

Diseño de cubierta Cover design
RafamateoStudio

Maquetación Layout
Lacaton & Vassal, Roar S.E.

Traducciones Translations
George Hutton, Fui Lee Luk, Moisés Puente, Marta Roigé

Corrección de textos Proofreading
George Hutton, Iñaki Domínguez

Ilustraciones Illustrations
Todas las ilustraciones pertenecen a Lacaton & Vassal a excepción de las fotografías de las págs. 20, 21, 30, 31, 41, 94-97, 118-123 y 128-137: © Philippe Ruault; y págs. 164-205: © Karine Dana
All illustrations belong to Lacaton & Vassal except the photographs on pp. 20, 21, 30, 31, 41, 94-97, 118-123 and 128-137: © Philippe Ruault; and pp. 164-205: © Karine Dana

Fotomecánica Photosetting
Rovira Digital, Barcelona

Impresión Printing
agpograf impressors, Barcelona

© de los textos of the texts: Anne Lacaton & Jean-Philippe Vassal
© de la conversación of the conversation: Enrique Walker, Anne Lacaton & Jean-Philippe Vassal
© de las traducciones of the translations: sus traductores their translators
© de las fotografías of the photographs: sus autores their authors y para esta edición for this edition
© de la edición for this edition: Verlag der Buchhandlung Walther und Franz König, 2024

Impreso en España Printed in Spain

ISBN
978-3-7533-0710-7

Una publicación original de la Fundación ICO/Puente editores con motivo de la exposición temporal "Lacaton & Vassal. Espacio libre, transformación, *habiter*" que tuvo lugar en el Museo ICO (Madrid, España) del 6 de octubre de 2021 al 16 de enero de 2022.

An original publication by the ICO Foundation/Puente editores on the occasion of the temporary exhibition *Lacaton & Vassal. Free space, transformation, habiter* that took place at the ICO Museum (Madrid, Spain) from October 6, 2021 to January 16, 2022.

Distribución Distribution

Germany, Austria and Switzerland
Buchhandlung Walther König, Cologne
Tel. +49 (0) 221 / 20 59 6-53
Fax +49 (0) 221 / 20 59 6-60
verlag@buchhandlung-walther-koenig.de

Distribution outside the United States and Canada, Germany, Austria and Switzerland
Thames & Hudson Ltd., London
www.thamesandhudson.com

United States and Canada
D.A.P. / Distributed Art Publishers, Inc., New York
www.artbook.com